하나님 앞에 머물러라

하나님
앞에
머물러라

손기철

규장

하나님 안에서
내가 새로워지는 시간

유학 시절 초기에 하나님이 계시지 않다는 것을 증명하기 위해 교회에 첫발을 내디딘 지 30년이 지났습니다. 그 당시 성경을 제대로 알지 못했던 저는 로마서가 가장 중요하다는 누군가의 말을 듣고 주석서를 보며 로마서를 공부하기 시작했습니다. 그리고 생명의 복음보다 사도 바울의 논리에 갇혀 있던 와중에 마침내 제 인생을 바꾼 말씀을 보게 되었습니다.

이 사람아 네가 누구이기에 감히 하나님께 반문하느냐 지음을 받은 물건이 지은 자에게 어찌 나를 이같이 만들었느냐 말하겠느냐 토기장이가 진흙 한 덩이로 하나는 귀히 쓸 그릇을, 하나는 천히 쓸 그릇

을 만들 권한이 없느냐 롬 9:20,21

모순과 혼돈에 빠져 있던 그때, 저는 이 말씀을 보는 순간 하나님이 계시는지 안 계시는지를 떠나서 만약 내가 스스로 존재하는 것이 아니라 정말 그분에 의해서 지음을 받았다면 성경의 모든 말씀이 옳다고 생각되었습니다. 그 당시에는 알지 못했지만, 성령님의 감동으로 제 이성과는 다른 더 깊은 내면의 소리를 듣기도 했습니다. 그것은 주의 말씀이 머리로는 인정할 수 없지만 마음으로 믿어지는 이상한 현상이었습니다.

지금까지 신앙생활을 해오면서 로마서는 제 신앙과 신학의 기초가 되었습니다. 그렇게 사도 바울의 마음을 더듬어가며 복음과 예수 그리스도, 구원과 하나님나라, 죄와 심판, 율법과 은혜, 믿음과 의, 죄와 벌, 십자가와 성령, 종과 자녀 등에 대해 공부를 하며 그가 만난 예수님을 만나고자 애썼습니다. 그렇지만 성령님의 인도함을 받기 전까지는 로마서 6장부터 8장까지의 말씀을 제대로 이해할 수 없었습니다.

사도 바울은 로마서 6장에서 분명히 십자가의 사건을 경험했음에도 불구하고, 7장에서는 자신이 원치 않는 일을 행하는 자신을 바라보며 탄식했습니다.

우리가 알거니와 우리의 옛 사람이 예수와 함께 십자가에 못 박힌 것은 죄의 몸이 죽어 다시는 우리가 죄에게 종노릇하지 아니하려 함이니 롬 6:6

내 속사람으로는 하나님의 법을 즐거워하되 내 지체 속에서 한 다른 법이 내 마음의 법과 싸워 내 지체 속에 있는 죄의 법으로 나를 사로잡는 것을 보는도다 오호라 나는 곤고한 사람이로다 이 사망의 몸에서 누가 나를 건져내랴 롬 7:22–24

저는 제 자신과 동일한 삶을 살았던 바울을 보며 위로를 받았습니다. 그러나 25절에서 마음으로는 하나님의 법을 육신으로는 여전히 죄의 법을 섬기면서도 "예수 그리스도로 말미암아 하나님께 감사하리로다"라고 고백하는 그의 마음을 이해할 수 없었습니다.

우리 주 예수 그리스도로 말미암아 하나님께 감사하리로다 그런즉 내 자신이 마음으로는 하나님의 법을 육신으로는 죄의 법을 섬기노라 롬 7:25

'바울이 이중인격자인가? 이 세상에서는 이렇게 살 수밖에 없는 것

6

인가? 우리가 죽으면 천국에 가기 때문인가?'

제게 절실히 필요한 것은 논리나 이해의 문제가 아니라 체험의 문제였습니다. 놀랍게도 8장에서 사도 바울은 더 이상 자신을 정죄하지 않을 뿐만 아니라 성령을 통해 예수 그리스도 안에 있는 자신의 본질이 무엇인지를 깨닫고(이미 죽은 옛 본성에 기초한 육신의 생각이 자신의 것이 아님을 깨닫고), 영의 생각으로 사는 것과 영으로써 몸의 행실을 죽이며 사는 삶이 무엇인지를 우리에게 알려주었습니다.

로마서 7장에서 바울이 고백한 것처럼 저 역시 너무나 오랫동안 그런 삶을 살았습니다. 그러나 마침내 하나님의 은혜로 예수 그리스도 안에서 성령님의 인도함을 받는 하나님 자녀의 삶을 체험했을 때, 저는 로마서 7장에서 말하는 육신의 생각으로 사는 삶에서 8장에서 말하는 영의 생각으로 사는 경험을 하게 되는 것이 복음임을 알게 되었습니다. 저는 그것이 바로 하나님나라의 삶의 핵심이라고 말하고 싶습니다.

우리는 옛 사람을 십자가에 못 박고 예수 그리스도의 죽으심과 부활하심에 연합함으로써 새 사람이 되었습니다. 그럼에도 불구하고 옛 본성(sinful nature)에 기초하여 형성된 육신의 사고체계와 그에 따른 마음의 생각, 감정, 의지는 여전히 남아 있습니다. 예수 그리스도 안에서 하나님의 생명으로 인한 거룩한 본성(divine nature) 위에 영적인 사고체계와 그에 따른 새로운 마음(속사람)이 형성되고 인식되어지기까지, 우리는 과거의 사고체계와 마음(겉사람)을 여전히 자신이라고 생각합니다.

그러나 결코 그렇지 않습니다. 구원받기 전의 '나'와 구원받은 후의 '나'는 동일하지 않습니다. 이 사실을 알지 못하면 우리는 겉사람을 날마다 부인하고 십자가에 못 박는 대신에 여전히 치유하거나 고침으로써 좀 더 나은 자신을 만들기 위해 열심히 신앙생활만 하며 살게 됩니다. 제가 과거에 그랬던 것처럼 말입니다.

저는 이 책을 통해 그동안 하나님의 자녀로서 주의 뜻을 이루어가기 위해 제 자신을 내려놓고, 포기하고, 부인하며 살아온 삶과 묵상을 함께 나누고자 합니다. 이 일들은 매일 새벽기도로부터 시작되었습니다. 몸이 피곤하고 지칠 때가 많았지만 무거운 몸을 이끌고 나와 기도실에 앉으면 그렇게 기쁠 수가 없었습니다. 왜냐하면 전날의 삶이 어떠했을지라도 매일 아침 다시 새롭게 시작할 수 있었기 때문입니다.

새벽 첫 시간부터 주의 임재 안에서 제단(심령)의 불이 꺼졌는지 계속 타고 있는지를 점검하고, 하루의 일과를 주님께 드리며, 말씀과 믿음과 기름부으심으로 하나님의 은혜를 누릴 수 있는 하루를 허락하신 하나님을 높여드리는 것이 얼마나 감사하고 아름다운지요!

지금처럼 바쁘게 살아가는 세상에서 하나님 앞에 머무르는 시간은 참으로 낭비처럼 보입니다. 그러나 그 일은 이 세상에서 가장 귀하고 거룩한 낭비입니다. 왜냐하면 그것을 통해 새로운 차원의 삶을 경험할 수 있기 때문입니다. 이 책은 새벽기도를 하며 주님의 임재 안에서 받은 성령님의 마음입니다. 이 책을 통해 더 많은 분들이 저와 함께 예수 그리스도 안에서 성령님의 조명 아래 말씀을 통하여 하나님나라의 새로운 사고방식과 삶을 경험하기를 소망합니다.

그러므로 이르시기를 잠자는 자여 깨어서 죽은 자들 가운데서 일어나라 그리스도께서 너에게 비추이시리라 하셨느니라 엡 5:14

헤븐리터치 미니스트리 대표

서문

영적
튜닝 ; 하나님의 생명 안으로 들어가라

차례

1 PART

우리가 날마다 죽는다는 것은 자신의 육적이고 지적인 것을 다 내려놓고 영적 어린아이가 되어 하나님으로부터 태어난 자로 거기서 다시 새롭게 시작한다는 의미입니다. 그럴 때 우리가 하나님의 생명 안으로 들어가게 되고, 성령님이 하나님의 마음을 우리에게 말씀하십니다.

PART 1

영적 튜닝

하나님의 생명 안으로 들어가라

영적 걸음마를 시작하라

우리가 어떻게 하면 하나님의 생명 안으로 들어갈 수 있는지, 어떻게 하면 하나님의 영광 가운데 거할 수 있는지, 어떻게 하면 하나님의 영광을 나타낼 수 있는지, 이것을 매일 아침 묵상하면서 하루를 시작하면 좋겠습니다.

우리에게는 육적인 성장이 있고 지적인 성장도 있습니다. 그런데 우리가 영적인 성장에 대해서는 잘 모르는 것 같습니다. 우리의 삶을 한번 생각해보십시오. 사람이 처음 태어나고 자라가며 우리는 "엄마", "맘마", "찌찌" 하면서 모든 것을 부모가 하는 말, 또 우리 눈에 보이는 것들을 오감으로 받아들이며 자아를 형성해나갑니다.

그런데 우리가 중생(born again) 했다는 것은 하늘로부터 다시 태어나(born again from heaven) 사는 것으로, 육신의 부모로부터가 아닌 하나님으로부터 태어나는 것입니다. 결국 우리가 영적으로 새롭게 태어나는 것이지요.

육으로 난 것은 육이요 영으로 난 것은 영이니 내가 네게 거듭나야 하겠다 하는 말을 놀랍게 여기지 말라 요 3:6,7

이제 우리는 중생한 시점부터 처음 영유아기를 맞이한 것입니다. 영적으로 0세부터 새로 시작한 것입니다. 그런데 문제는 우리가 중생한 시점의 자기의 육적 수준과 지적 수준으로 하나님을 알아가려고 한다는 데 있습니다. 중생한 그 상태의 어린아이와 같이 되지 않으면 결코 천국에 들어갈 수 없다는 것이 무슨 말씀인지 깨달으시기 바랍니다.

우리는 이제 갓 태어나 영적으로 0세가 되었음을 인정하고 영적 어린아이가 되어야 합니다.

내가 진실로 너희에게 이르노니 누구든지 하나님의 나라를 어린아이와 같이 받아들이지 않는 자는 결단코 거기 들어가지 못하리라 하시니라 눅 18:17

그런데도 지금의 지적인 상태, 지금의 육적인 상태로 하나님을 알아가려고 하니까 성령님의 인도함을 받는 것이 어려운 것입니다.

우리가 그를 힘입어 살며 기동하며 존재하느니라 너희 시인 중 어떤 사람들의 말과 같이 우리가 그의 소생이라 하니 ^{행 17:28}

하나님으로부터 태어난 자는 그를 힘입어 그의 안에서 그분으로부터 살고 그분으로부터 움직이고 그분으로부터 존재합니다(for in Him we live and move and exist). 우리가 그런 삶을 살아야 됩니다. 그 삶은 영적으로 어린아이가 되어야 살 수 있습니다.

우리가 처음 태어났을 때 육적으로든 지적으로든 전적으로 부모를 의지하여 부모가 하는 말을 듣고 부모가 보여주고 가르쳐주는 대로 살면서 자아가 형성되었던 것처럼, 영적인 어린아이가 된 지금 내 안에 계신 예수 그리스도 안에서 성령님을 통하여 인도함을 받고 성령님으로부터 듣고 성령님에 의해서 살고 성령님에 의해 움직이고 성령님으로부터 존재한다는 것을 인정하는 것이 바로 영적 튜닝입니다.

아침마다 나의 육적인 것, 나의 지적인 것을 모두 내려놓고 내 영이 다시 하나님의 생명 안으로 들어가 그 하나님으로부터 태어난 자로서 어린아이의 삶을 사는 것입니다. "주님이 말씀하지 않으시면 나는 살 수 없고, 움직일 수 없고, 존재할 수 없고, 말할 수 없습니다. 왜냐하면 갓 태어났기 때문입니다. 나는 영적인 어린아이로 아무것도 할 수 없는 존재입니다" 이렇게 고백할 때 성령님이 우리를 감동시키고 말씀하기 시작하십니다.

그럴 때 우리는 다음과 같이 살 수 있게 됩니다.

> 또 무엇을 하든지 말에나 일에나 다 주 예수의 이름으로 하고 그를 힘입어 하나님 아버지께 감사하라 골 3:17

그런데 수많은 사람들이 하나님의 생명에 의지하지 않고 자신의 육적인 상태, 지적인 상태, 자기 의지로 예수님을 섬기고 예수님을 사랑하고 예수님이 원하시는 일을 하려고 합니다. 그러니까 어렵고 힘들고 재미도 없고 하나님의 영광이 나타나지 않는 것입니다.

우리가 날마다 죽는다는 것은 자신의 육적이고 지적인 것을 다 내려놓고 영적 어린아이가 되어 하나님으로부터 태어난 자로 거기서 다시 새롭게 시작한다는 의미입니다. 그럴 때 우리가 하나님의 생명 안으로 들어가게 되고, 성령님이 하나님의 마음을 우리에게 말씀하십니다. 이렇게 하나님의 영광이 나를 통해, 우리를 통해 나타나는 것이야말로 이 세상 그 무엇과도 바꿀 수 없는 것입니다.

날마다 영적으로 새롭게 튜닝하며 하루를 시작하시기 바랍니다.

주님, 오늘도 하나님의 생명 가운데서 주의 마음으로 새 하루를 시작하게 하시니 감사합니다. 이 시간, 내 육의 모든 생각을 내려놓고, 아버지로부터 태어난 자녀로서 영적 어린 아이가 되기를 소망합니다. 주님께서 "내가 너를 사랑한다"라고 하시는, 그 한 말씀으로부터 다시 시작하겠습니다. 허락하신 오늘 하루, 내 문제를 해결하기 위해서 보내는 것이 아니라 하나님을 나타내기 위해서 살겠습니다. 아버지, 누가 뭐라 해도 나는 당신의 사랑스러운 자녀입니다.

육신을 따르는 자는 육신의 일을, 영을 따르는 자는 영의 일을 생각하나니 육신의 생각은 사망이요 영의 생각은 생명과 평안이니라 육신의 생각은 하나님과 원수가 되나니 이는 하나님의 법에 굴복하지 아니할 뿐 아니라 할 수도 없음이라 육신에 있는 자들은 하나님을 기쁘시게 할 수 없느니라 롬 8:5-8

가장 거룩한 낭비, † 가장 놀라운 축복

우리는 무엇인가를 추구하는 존재입니다. 특별히 종교적인 사람은 자신의 삶에서 신(神)을 추구하는 것을 최고의 선(善)으로 여깁니다. 하나님을 믿는 우리는 하나님을 더 알아가고 하나님을 추구해야 합니다. 그러기 위해서 우리는 말씀도 보고 기도도 합니다. 우리가 어떻게 하면 하나님을 찾을 수 있을까요? 우리가 우리 이성으로 논리로 하나님을 만날 수 있을까요? 많은 사람들이 이성적으로 말씀을 통해서 하나님을 만나려고 합니다. 그러나 그것으로는 '하나님에 대해서' 알 뿐이지 생명이신 '하나님을' 만날 수 없습니다.

그 말씀이 너희 속에 거하지 아니하니 이는 그가 보내신 이를 믿지 아

니함이라 너희가 성경에서 영생을 얻는 줄 생각하고 성경을 연구하거
니와 이 성경이 곧 내게 대하여 증언하는 것이니라 그러나 너희가 영
생을 얻기 위하여 내게 오기를 원하지 아니하는도다 요 5:38-40

우리가 구원받은 자라면 하늘에 계신 하나님을 추구할 필요가 없
습니다. 왜냐하면 하나님은 우리 아버지이시고, 이미 내 영 안에 계
시기 때문입니다. 그분을 만나기 위해서는 자신의 짐을 벗어놓을 줄
알아야 합니다. 그것이 바로 하나님의 보좌 앞으로 나아가 그분과
교제하는 비밀입니다.

이르시기를 너희는 가만히 있어 내가 하나님 됨을 알지어다… 시 46:10

하나님을 찾기 위해 나오는 자는 하나님 앞에 잠잠해야 합니다.
성경에서 "조용히 하다", "가만히 있다", "침묵하다"라는 뜻으로 "be
quiet" 또는 "be silent"라는 표현을 쓰기도 합니다. 'be quiet'는 주
위가 조용해서 아무 소리도 들리지 않는 것을 말하고, 'be silent'는
우리의 마음이 잠잠한 것입니다. 그런데 사람들은 그것을 구별하지
못합니다. 사실 우리 내면의 소리가 훨씬 더 시끄러울 때가 많은데,
사람들은 조용한 곳에 가면 자신의 마음도 따라서 조용해지는 줄
압니다.

하나님을 찾기 위해 하나님 앞에 나아가는 사람은 'be quiet' 한 곳을 찾는 사람이 아니라 'be silent', 그 마음이 조용한 사람이 되어야 합니다. 그런 사람은 주변 소음이 있는 곳에서도 'be silent' 상태를 유지할 수 있습니다. 우리가 어떤 이유로 하나님을 찾아 하나님 앞에 나아가든지 간에 우리는 우리의 짐을 하나님께 맡길 수 있어야 합니다. 하나님께서는 우리가 문제를 만났을 때 불안해하고 두려워하는 것이 아니라 우리의 짐을 하나님께 맡기기를 원하십니다. 이것이 바로 'be silent'를 배우는 비밀입니다.

다른 말로 우리의 의식, 우리 육신의 생각과 감정이 뇌에 기억된 과거의 경험과 오감을 통해 들어오는 현실에 묶여 몸부림치고 요동하는 것으로부터 잠잠할 때, 내 안에 계신 하나님께서 나를 사로잡으십니다. 하나님이 계신 것과 그분의 사랑과 그분의 신실하심이 내 문제보다 훨씬 더 클 때 내 마음은 'be silent' 하게 되고, 그때 하나님은 평강으로 찾아오십니다. 그분이 나를 사로잡으실 때 그분과 친밀함을 나눌 수 있고 그분의 음성을 들을 수 있고 그분이 주시는 감동을 받을 수 있습니다.

하지만 'be silent'를 훈련하는 것이 쉬운 일은 아닙니다. 왜냐하면 남는 게 없기 때문입니다. 즉 시간 대비 효율성이나 열매가 없다는 것입니다. 예를 들어 성경을 읽으면 조금이라도 머리에 남는 것이 있고, 소리 높여 기도했다면 내가 이런저런 것을 놓고 기도했다는 마음의 생각이라도 남지만, 잠잠히 하나님 앞에 있기만 하면 'be silent' 그 자체뿐, 내 마음의 열매는 아무것도 없습니다.

나의 영혼아 잠잠히 하나님만 바라라 무릇 나의 소망이 그로부터 나오는도다 시 62:5

'be silent'의 다음 단계라고 하면 나의 영혼이 잠잠히 하나님만 바라보는 것입니다. 나의 모든 것은 사라지고 나의 모든 소망이 그분으로부터 나올 때 그분의 폭포 소리 같은 음성이 들리기 시작합니다. 나를 삼킬 듯한 그분의 목소리, 그분의 사랑, 그분의 생명이 나를 도우시는 것을 느낄 수 있습니다.

주의 폭포 소리에 깊은 바다가 서로 부르며 주의 모든 파도와 물결이 나를 휩쓸었나이다 시 42:7

이 말씀을 그냥 읽으면 더 시끄러운 소리가 아니냐고 생각할 수도 있습니다. 그런데 이것은 우리의 혼으로는 들을 수 없고 우리의 영으로만 들을 수 있는 소리입니다. 이것은 체험이 있다면 함께 나눌 수 있는 이야기이지만, 그렇지 않다면 금세 이해되지는 않을 것입니다.

우리는 이 세상에서 하나님 앞에 'be silent' 하는 시간을 아끼지 말아야 합니다. 매일 하루 30분씩 하나님 앞에 'be silent' 하는 시간이 어쩌면 하루에 5시간씩 하나님을 위해 여러 가지 일을 하는 것보다 더 중요할 수 있습니다. 'be quiet' 할 때 'be silent'가 되고 'be silent' 할 때 하나님의 폭포 소리를 들을 수 있습니다. 그분의 영, 그분의 생명에 사로잡힐 때부터 우리의 인생은 변화되기 시작합니다. 나의 사고방식과 나의 삶의 가치가 변화됩니다. 영생과 하나님의 보좌에 대한 마음이 실제로 부어지기 시작합니다.

아무것도 하지 않으면서 보내는 30분의 시간이 아깝습니까? 그렇지만 뭐라도 읽고 뭐라도 더 생각하고 뭐라도 더 나누기 원하는 것은 우리의 육신으로 하는 것입니다. 나의 짐, 나의 생각을 하나님 앞에 드리고 'be silent' 해보십시오. 우리가 영으로 기도할 때 우리 마음은 열매를 맺지 못하더라도 더 큰 영의 열매가 맺힌다는 것을 믿으시기 바랍니다.

매일 아침 하나님 앞에 나아와 'be silent' 하는 것이 얼마나 큰 축복인지 지금 당장은 모릅니다. 하나님은 저에게 하나님 앞에서 'be silent' 하라고 하셨습니다. 저도 이 일을 수년간 했습니다. 처음에는 '내가 뭔가 잘못하는 것이 아닐까?'라는 생각도 했지만, 이제는 그것이 제 인생 최고의 선물이었다고 고백할 수 있습니다. 저는 그 일을 '거룩한 낭비'라고 부릅니다. 세상적으로 볼 때는 많은 시간을 낭비한 것 같지만, 영적으로 보면 가장 거룩한 낭비였습니다.

우리에게는 항상 문제가 있고 당장 해결해야 할 일들도 많습니다. 하나님께 지금 말씀드리고 싶은 것도 많습니다. 하지만 주님은 그것을 이미 다 아십니다. 의인의 요동함을 허락하지 않으시는 하나님께 모든 짐을 맡기십시오. 조용한 곳을 찾되 정말 중요한 것은 조용한 장소가 아니라 우리의 마음이 'be silent' 하는 것입니다. 그리고 잠잠히 그분을 기다릴 때 마침내 그분의 폭포 소리를 들을 수 있습니다. 그때부터 세상이 달라 보이는 것입니다.

네 짐을 여호와께 맡기라 그가 너를 붙드시고 의인의 요동함을 영원히 허락하지 아니하시리로다 시 55:22

주님, 저는 매일 새벽 조용히 주님과 교제하기 위해 주님의 전에 나오지만, 실상은 주님께 저의 문제를 아뢰며 기도 시간의 대부분을 보냅니다. 또 너무 바빠서 제 말만 하고 주님이 하시는 말씀을 듣지 못하고 일어서기 바빴습니다. 그러나 문제는 새벽도 아니고, 조용한 장소도 아니고, 바로 내 마음이라는 것을 깨닫게 하시니 감사드립니다. 주님의 성전인 제 안에 저의 마음이 'be silent' 하게 하옵소서. 더 이상 불안해하지 않으며 내 마음이 요동치지 않게 하옵소서. 내 영혼이 안식하게 하옵소서. 모든 마음의 역동을 내려놓고 "deep calls to deep", 더 깊은 곳으로 나아가게 하옵소서. 하나님의 영광의 빛 가운데 들어가게 하옵소서. 나를 하나님의 생명으로 사로잡아주옵소서.

나의 영혼아 잠잠히 하나님만 바라라 무릇 나의 소망이 그로부터 나오는도다 시 62:5

우상숭배의 진지 †

저에게 엄청난 일이 생겼습니다. 새벽에 제가 말씀을 전하는 동안 태풍으로 주변 건물의 비계(飛階) 일부가 떨어져서 저와 제 아내의 차가 말할 수 없는 피해를 입게 된 것입니다. 차 천장과 측면에 구멍이 났을 뿐만 아니라 잡다한 쇠붙이들마저 강풍에 날리면서 차에 수많은 스크래치를 내고 말았습니다. 그런데 더 놀라운 사실은 유독 저와 제 아내의 차가 큰 피해를 입었다는 것입니다.

그동안 저는 어려운 순간에도 말할 수 없는 하나님의 은혜를 참 많이 누렸습니다. 그런데 제 편에서 이 사건은 정말 이해하기 어려웠습니다. 제가 나쁜 일을 한 것이 아니라 폭풍을 뚫고 나와 새벽기도를 인도했는데 이런 일이 일어났기 때문입니다. 하루 종일 제 마음속에 이런 기도가 떠나지 않았습니다.

"하나님, 그 폭풍을 뚫고 새벽기도에 나와 말씀도 전하고 기도도 했는데 다른 차는 몰라도 저와 제 아내 차만큼은 보호해주셔야 되지 않습니까? 그런데 왜 저희 차만 유독 심하게 파손된 것입니까?"

저녁때쯤 되었을 때 제 안에 '왜 이렇게 차에 대한 미련이 떠나지 않지?' 하는 의문이 들었습니다. 처음으로 차를 아끼는 제 마음에서 벗어나 차와 저의 관계를 생각해보게 되었습니다. 과거 새 차를 구입한 지 사흘 만에 학교에서 누군가 못으로 차를 긁어놓아서 얼마나 마음이 아팠는지 생생하게 기억이 났습니다. 생각해보니 제가 다른 것에 비해 차에 대한 관심이 지나친 것 같았습니다.

지금 타는 차 역시 너무 아끼는 나머지 조금이라도 스크래치가 날까 봐 다른 차가 없는 곳에 주차를 하곤 했는데, 이상한 일은 제가 일부러 한적한 곳에 주차를 해놓아도 다시 와보면 주위에 빈자리가 많은데도 불구하고 누군가 꼭 제가 차 문을 열지 못할 만큼 제 차 옆에 바싹 붙여서 주차를 해놓곤 한다는 것이었습니다. 그러니까 제가 차에 관심을 가지면 가질수록 이상하고 불편한 일들이 더 많이 일어났던 것 같습니다. 며칠 전만 해도 아내가 제 차 옆에 주차를 한 다음 차 문을 열 때 어딘가 부딪치는 느낌을 받았는데, 차마 아내가 보는 데서 확인할 수는 없고 나중에 가서 어디 홈집이라도 나지 않았는지 걱정하며 확인한 일도 있었습니다. 결론적으로 저는 이 사건을 통해 제가 어떤 우상을 섬기고 있는지 확실히 알게 되었습니다.

우리는 흔히 "나는 우상을 섬기지 않습니다. 나는 하나님만 섬깁니다"라고 말합니다. 우상이 무엇일까요? 다른 종교나 이상한 물건, 또는 좋아하는 음악, 게임 등을 말하는 것일까요? 하나님만 섬긴다는 것이 무엇일까요? 하나님께서 금하시는 것을 하지 않거나 하나님이 금하시는 곳에 가지 않고 하나님만 경배하는 것일까요? 그런 것들은 쉽게 분별할 수 있고 지킬 수 있습니다. 우상숭배는 바로 평상시 우리가 아끼는 것에 마음을 두는 것입니다. 저도 이번 기회를 통해서 우상숭배는 우리가 숭배하는 어떤 대상이 아니라 우리 마음의 태도라는 것을 다시 한번 절실히 깨닫게 되었습니다.

네 보물 있는 그곳에는 네 마음도 있느니라 마 6:21

우리가 살아가는 데 쓰이는 모든 물질은 하나님이 주신 것입니다. 그것은 중요하고 또 필요한 것입니다. 그러면 우리가 물질을 우상으로 섬기는지, 안 섬기는지 어떻게 나타납니까? 내가 얼마나 비싼 물건을 갖고 있느냐, 아니냐 하는 문제가 아닙니다. 바로 귀한 것 또는 소중한 것에 대한 내 마음의 태도입니다. 돈도 마찬가지입니다. 돈을 사랑하는 것이 모든 악의 뿌리이지 돈이 악한 것은 아닌 것처럼 말입니다. 내 마음이 그 물건을 주신 하나님께 있느냐, 아니면 그 물건에 있느냐 하는 것이 우상숭배를 가르는 핵심입니다.

하나님께서 축복해주셔서 저에게 좋은 차를 주셨습니다. 그런데 제 마음이 그것을 주신 하나님께 있지 않고 차에 있다면 그것이 바로 우상숭배라는 것입니다. 이제 와서 생각하면 같은 장소에 저희 차 말고도 여러 대의 차가 있었는데 비계의 파편이 유독 저와 제 아내의 차에 큰 피해를 입힌 것은 하나님께서 허락하신 일이었습니다. 그 사건을 통해 제 마음의 태도를 정확히 볼 수 있도록 하나님께서 제게 허락하신 일이었습니다. 차뿐만 아니라 삶 가운데 저도 모르게 우상숭배 하는 것들이 없는지 찾아내는 계기가 되었습니다.

창세로부터 그의 보이지 아니하는 것들 곧 그의 영원하신 능력과 신성이 그가 만드신 만물에 분명히 보여 알려졌나니 그러므로 그들이 핑계하지 못할지니라 하나님을 알되 하나님을 영화롭게도 아니하며 감사하지도 아니하고 오히려 그 생각이 허망하여지며 미련한 마음이 어두워졌나니… 이는 그들이 하나님의 진리를 거짓 것으로 바꾸어 피조물을 조물주보다 더 경배하고 섬김이라 주는 곧 영원히 찬송할 이시로다 아멘 롬 1:20,21,25

그렇습니다. 이 세상 모든 것은 하나님의 피조물이고 거기에 하나님의 능력과 신성이 나타납니다. 우리는 그 피조물에 나타난 능력과 신성을 보고 창조주 하나님을 알고 그분을 경배해야 하는데 그 능력과 신성을 경배하곤 합니다. 그것이 바로 우상숭배입니다. 하나님이 주신 모든 축복을 꼭 점검해보시고 그것이 우상숭배의 수단이 되지 않기를 바랍니다. 그것은 바로 우리 마음의 태도에 달렸습니다.

주님, 감사합니다. 보물이 있는 곳에 마음이 있다고 하셨습니다. 평소 제가 늘 마음에 두는 것이 무엇인지 생각나게 하시고 보여주시옵소서. 또 우리의 삶에는 한 치의 우연도 있을 수 없고 모든 것이 주님의 섭리 안에서 이루어지는 줄 믿습니다. 오늘 하루 제 삶을 다시 한번 살펴보겠습니다. 성령님, 제 마음 깊숙이 숨겨져 있는 잘못된 동기를 드러내 보여주시옵소서. 그동안 저도 모르게 우상숭배 하며 두 주인을 섬겼다면 용서해주시옵소서. 이 땅에서 달려갈 길을 마치고 주님 앞에 갔을 때 정말 칭찬받고 싶습니다. 주님, 도와주시옵소서.

네 보물 있는 그곳에는 네 마음도 있느니라 마 6:21

한 사람이 두 주인을 섬기지 못할 것이니 혹 이를 미워하고 저를 사랑하거나 혹 이를 중히 여기고 저를 경히 여김이라 너희가 하나님과 재물을 겸하여 섬기지 못하느니라 마 6:24

네
약함을
자랑하라

조개 안에 모래알이 들어가면 모래알이 조개의 생살을 파고들어갑니다. 또 조개가 숨을 쉴 때마다 모래알 때문에 아프기 때문에 이때 침 같은 여러 가지 분비물이 나와 그 모래알을 둘러싸게 되지요. 그 막이 점점 두꺼워지고 점점 커져서 마침내 진주가 되는 것입니다. 이처럼 조개가 처음부터 진주를 갖고 있던 것은 아닙니다. 시험을 만났을 때 그것을 인내한 결과 진주가 만들어지게 된 것입니다.

내 형제들아 너희가 여러 가지 시험을 당하거든 온전히 기쁘게 여기라 이는 너희 믿음의 시련이 인내를 만들어 내는 줄 너희가 앎이라 인내를 온전히 이루라 이는 너희로 온전하고 구비하여 조금도 부족함이

없게 하려 함이라 ^{약 1:2-4}

여러 가지 시험을 만날 때 온전히 기쁘게 여기십시오. 우리는 우리 앞에 닥친 일과 문제, 그 고통을 회피하기에 급급한 삶이 아닌 믿음의 시련을 통과하여 하나님의 뜻을 이루는 삶을 살아야 합니다. 왜냐하면 우리 안에 계신 분이 세상을 이기었기 때문입니다.

무릇 하나님께로부터 난 자마다 세상을 이기느니라 세상을 이기는 승리는 이것이니 우리의 믿음이니라 ^{요일 5:4}

더 나아가서 우리는 우리의 최고 약점이 하나님이 들어 쓰시는 최고 강점이 되는 삶을 살아야 합니다. 많은 경우 하나님이 쓰시는 사람들을 보면, 타고난 재능이 뛰어나거나 그것을 사용하는 사람들보다 도리어 남에게 숨기고 싶은 약점으로 하나님을 증거하는 사람들이 많습니다. 우리가 이 사실을 알아야 합니다.

나에게 이르시기를 내 은혜가 네게 족하도다 이는 내 능력이 약한 데서 온전하여짐이라 하신지라 그러므로 도리어 크게 기뻐함으로 나의 여러 약한 것들에 대하여 자랑하리니 이는 그리스도의 능력이 내게 머물게 하려 함이라 ^{고후 12:9}

우리의 삶에서 이 말씀을 깨닫습니까? 정말 이 말씀을 체험합니까? 우리가 이 말씀을 진정으로 깨달으면 내가 가진 것이 없고 내가 재능이 없을 때 바로 나의 약한 것들에 대하여 오히려 자랑할 수 있고, 그 부분을 통해 그리스도의 능력이 나타나게 되는 것입니다.

마귀는 우리의 약한 부분을 공격합니다. 우리의 약점을 들추어내는 일을 합니다. 우리의 약한 틈이 거침돌이 되어 마침내 우리를 멸망시키기 원합니다. 그러나 그리스도인들은 그것을 디딤돌로 삼는 사람들입니다. 자신의 약함을 디딤돌로, 도리어 하나님을 증거하는 수단으로 사용합니다.

여호와의 말씀이니라 너희를 향한 나의 생각을 내가 아나니 평안이요 재앙이 아니니라 너희에게 미래와 희망을 주는 것이니라 너희가 내게 부르짖으며 내게 와서 기도하면 내가 너희들의 기도를 들을 것이요 너희가 온 마음으로 나를 구하면 나를 찾을 것이요 나를 만나리라

렘 29:11-13

하나님의 생각은 평안이지 재앙이 아니며 우리에게 미래와 희망을 주는 것입니다. 지금은 제가 매주 수천 명 앞에서 말씀을 전하는 삶을 살고 있지만, 과거에는 다른 사람들 앞에 선다는 것이 가장 끔찍하고 두려운 일이었습니다. 저에게는 남들 앞에 나설 수 있는 담대

함이 없습니다. 다른 사람들 앞에 서면 심장이 빨리 뛰고 머릿속이 하얘져서 하고 싶은 말을 다 잊어버리게 됩니다.

제가 유학을 가서 처음 조지아 아카데미 사이언스에서 발표를 하게 되었을 때입니다. 저는 그것이 너무 두려운 나머지 발표하기 전에 발표할 내용을 전부 암기했고, 서른 번 이상 발표 연습도 했습니다. 그런데도 당일 100여 명의 미국인들 앞에서 연구 결과를 발표하려고 하자 첫 단락을 말한 뒤로 한동안 아무 말도 하지 못하고 말았습니다. 그 시간이 1년이나 되는 것처럼 느껴졌고 그 자리를 박차고 나가 도망치고 싶다는 마음만 들었습니다. 지금도 그때만 생각하면 오금이 저려옵니다.

그런데 이듬해에 미시간 대학에서 있던 학회에서 제가 또 발표를 하게 되었습니다. 발표하기 수개월 전부터 마음에 부담이 되어 매일 그 생각만 하면 온몸에 식은땀이 흘렀습니다. 그렇다고 누구에게 이런 이야기를 할 수도 없어서 바위 앞에서 연습도 해보고, 숲 속으로 들어가서 혼자 고함을 쳐보기도 했습니다. 수업 시간에 앉아 있는 사람들을 보면서 그들이 목석이라고 제 자신에게 최면을 걸어보기도 했습니다.

드디어 학회 발표 전날이 되었을 때, 저는 밤중에 미시간 대학 운동장으로 나가 하나님을 향해 고래고래 고함을 쳤습니다.

"주님, 나 이거 못합니다. 도저히 많은 사람들 앞에 설 수가 없습니다. 저, 포기하고 그냥 돌아갈래요. 그래도 주님이 변화시켜주실 수 있잖아요? 어떻게 좀 해보세요."

목이 쉴 정도로 외치다가 지쳐서 숙소로 돌아왔습니다. 긴장이 되어 한동안 잠도 오지 않았습니다. 그런데 잠이 막 들려는 순간, 내 안 깊숙한 곳에서 하나님이 저에게 이렇게 말씀하셨습니다.

"너는 발표할 때 사람에게 보고하니? 나한테 보고하니?"

저는 그때 진정한 제 자신을 보게 되었습니다. 다른 사람들의 인정을 구하고, 다른 사람들이 나를 어떻게 생각할지 걱정하고, 내가 잘 못하면 내 처지가 어떻게 될지 염려하고, 지독히 내 자신을 지키고자 죽기를 두려워하며 살았다는 것을 말입니다. 그래서 "주님, 이제부터 제 평생에 무슨 일이라도 사람들에게 보고하는 것이 아니라 하나님이 주신 것을 하나님께 보고하듯이 그렇게 말하겠습니다"라고 기도했습니다. 그런 다음 깊이 잠들었습니다.

다음 날 아침, 어젯밤 일이 생각났고 신기하게도 심장이 벌렁거리지 않고 숨쉬기가 편했습니다. 밤새 하나님께서 어떤 조치를 취하신 것 같았습니다. 저는 발표하기 직전에 화장실에 들어갔습니다.

"주님, 어제 저에게 말씀하신 것 기억하시죠? 이제 제 앞에 누가 있더라도 그들이 황인종이든 백인종이든, 사람이 적든 많든, 주님, 제가 기쁨으로 하나님이 제게 주신 것을 하나님께 보고하듯이 하겠습니다."

이 기도를 드리고 발표장에 갔을 때 놀랍게도 마음이 평안했고, 청중들 때문에 더 이상 심장이 떨리지 않았습니다. 그때부터 지금까지 저는 어느 누구 앞에서든지 두려워하지 않습니다. 왜냐하면 사람을 보고 사람에게 보고하는 것이 아니라 내 앞에 계신 하나님께 하나님이 하신 일을 보고하기 때문입니다.

그 후로 어떤 모임이든 대표로 뭔가 발표할 일이 있으면 제가 지명을 받는 일이 많았습니다. 참 놀라운 일이지요. 밝히고 싶지 않은 내 인생 최고의 수치를 하나님께서는 하나님을 증거하는 최고의 수단으로 사용해주셨습니다. 이제 자신의 약함을 오히려 자랑스럽게 생각하십시오. 내가 약하기 때문에 하나님이 그 부분을 들어 쓰실 수 있습니다. 마귀는 우리의 약함을 거침돌로 사용하지만 하나님은 우리의 약함을 디딤돌로 사용하십니다.

제가 과거에 가슴이 벌렁거려서 사람들 앞에 서지 못했다고 말하면 사람들은 다들 믿지 못하겠다고 웃습니다. 하나님도 빙그레 웃으십니다.

"Don't worry. I am always with you, my son."

주님, 나의 부족함과 약점을 하나님의 온전하심과 강함으로 바꾸신 하나님을 찬양합니다. 부모나 환경이나 돈이나 얼굴 생김새나 나 자신을 탓하지 않겠습니다. 내 삶을 있는 그대로 주님께 드리나이다. 주님 앞에 내 약함을 드러냄으로 그리스도의 능력이 나를 통하여 나타나게 하여주옵소서. 주님, 비록 제가 저를 보면 소망이 없고 절망이지만, 주님이 저를 보실 때 소망이자 하나님의 영광임을 받아들입니다. 오늘도 제 약점을 보고 염려 걱정 근심하며 두려움에 떨지 않게 하시고, 도리어 제 약점을 자랑하는 삶으로 제가 할 수 없는 일을 당신이 하신다는 것을 증거하게 하여주옵소서.

나에게 이르시기를 내 은혜가 네게 족하도다 이는 내 능력이 약한 데서 온전하여짐이라 하신지라 그러므로 도리어 크게 기뻐함으로 나의 여러 약한 것들에 대하여 자랑하리니 이는 그리스도의 능력이 내게 머물게 하려 함이라 고후 12:9

누구의 †
종입니까?

마음을 지키는 것이 얼마나 어려운지 모릅니다. 거리마다 수백 개의 간판들과 쇼윈도와 식당이 즐비하고 TV 홈쇼핑 방송은 5분만 보고 있어도 당장 저것을 사야겠다는 생각이 들게 만듭니다. 이 세상은 끊임없이 우리의 마음을 빼앗아 우리가 원하는 것을 사거나 원하는 일을 하게 만듭니다. 우리 마음을 빼앗기 위한 수만 가지 전략이 교묘하게 진행되고 있습니다.

우리가 계속해서 가장 좋은 것, 더 즐거운 것을 추구하다보면 우리는 오감(五感)을 통해 점점 더 세상에 사로잡힙니다. 한 번 필(feel)이 꽂히면 저 물건을 당장 사야 하고, 그 가게에 꼭 가보아야 하고, 그 일을 반드시 해보아야 합니다. 처음에는 나 자신을 만족시키기 위해 시작했지만, 결국 누구에게 순종하든지 그 순종함을 받는 자의 종이 된다는 말씀처럼 그것은 중독으로 이어집니다.

오늘날 이 세상은 중독에 빠져 있습니다. 우리가 이 세상을 살아가고 있는 것 같아도, 이미 우리 자신은 없고 세상이 원하는 대로 세상에 우리 마음을 다 빼앗긴 채 살아갑니다. 그들이 우리를 소유하고 그들이 우리를 끌고 가는 가운데 살아간다는 것입니다. 지금 우리는 종노릇하며 살고 있습니다.

정말 중요한 것은 우리에게 기준이 있어야 한다는 것입니다. 그러기 위해서 우리는 마음을 빼앗기지 말아야 합니다.

> 무릇 지킬 만한 것 중에 더욱 네 마음을 지키라 생명의 근원이 이에서 남이니라 잠 4:23

그러면 어떻게 우리 마음을 지킬 수 있습니까? 우리의 기준은 하나님의 말씀이 되어야 합니다. 우리는 말씀으로 세상을 볼 수 있어야 합니다. 말씀으로 세상을 판단할 줄 알아야 합니다.

> 믿음으로 모든 세계가 하나님의 말씀으로 지어진 줄을 우리가 아나니 보이는 것은 나타난 것으로 말미암아 된 것이 아니니라 히 11:3

그러나 말씀만으로 그렇게 할 수 있는 것은 아닙니다. 예수의 생명 안에, 성령 안에서 말씀으로 세상을 보고 듣고 생각할 줄 알아야 합니다. 우리 안에 예수의 생명이 없으면 우리가 비록 말씀을 듣고 말씀을 지키려고 애써도 육신의 소욕에 붙들려 세상 문화를 자꾸 기웃거리면서 살게 됩니다. 예수 그리스도의 생명 안에서 말씀으로 세상을 보지 못하면 곧바로 수많은 악한 영들이 우리의 오감을 타고 들어와 우리를 사로잡습니다. 그래서 우리가 거기에 종노릇하게 됩니다. 스카프, 넥타이, 양복, 가방, 신발까지 명품으로 휘감아 자신이 꽤 괜찮은 것 같아 보일지라도 그 사람의 혼은 안식처 없이 세상을 떠돌고 있는 것입니다.

인간인 이상 우리의 마음은 늘 어딘가에 사로잡히게 마련입니다. 그래서 우리는 자신의 마음이 어디에 사로잡혀 있지는 않은지 주의를 기울여야 합니다. 세상에 빼앗긴 마음을 찾아와야 합니다. 왜냐하면 우리의 마음은 우리 것이 아니라 예수님을 나타내는 예수님의 그릇이기 때문입니다. 지금 어디에 마음을 빼앗겼든지 그것을 다시 찾아오십시오. 그러기 위해서 기도가 필요하고 회개가 필요합니다. 하나님과 독대하는 시간이 필요합니다.

우리는 자기 마음 안에 있는 물질이나 권력이나 소유에 빼앗긴 마음은 비교적 쉽게 발견하고 그 마음을 돌이킬 수 있습니다. 그러나 자기애 같은 것은 교묘하게 숨어 있어서 스스로 발견하기가 쉽지 않습니다. 자기를 사랑하는 마음에 붙들려 있는 사람은 돈도, 권력도, 지식도 다 버릴 수 있는 대단한 사람 같아 보이지만, 정작 그에게서 하나님의 사랑이 흘러나오지 않습니다.

우리 마음의 뿌리는 예수 그리스도에게 있어야 합니다. 그럴 때 세상으로부터 자유함이 있습니다. 내 마음의 뿌리가 예수 그리스도에게 박혀 있을 때 주님의 사랑의 너비와 길이와 높이와 깊이가 날마다 체험됩니다. 주님의 사랑은 유대인이나 헬라인이나 종이나 자유인이나 남자나 여자나 젊은이나 늙은이나 차별이 없습니다. 이 사랑은 시간을 초월하여 우리와 영원히 관계하는 사랑입니다. 이 사랑은 우리를 하나님의 보좌 앞으로 나아가게 하는 사랑입니다. 주님의 사랑은 하나님께서 친히 우리를 위해 이 땅에 내려오셔서 십자가를 지신 사랑입니다.

그러므로 너희가 그리스도 예수를 주로 받았으니 그 안에서 행하되 그 안에 뿌리를 박으며 세움을 받아 교훈을 받은 대로 믿음에 굳게 서서 감사함을 넘치게 하라 누가 철학과 헛된 속임수로 너희를 사로잡을까 주의하라 이것은 사람의 전통과 세상의 초등학문을 따름이요 그리스도를 따름이 아니니라 골 2:6-8

세상에 종노릇하지 않기 위해서는 우리 마음이 예수 그리스도에 뿌리내려야 합니다. 그리고 성령 안에서 말씀이 풀어져야 합니다. 그 말씀으로 세상을 볼 줄 알아야 하고, 그 말씀으로 자신의 마음을 지킬 줄 알아야 합니다. 그래서 이 땅에 도래한 하나님나라의 삶을 살아야 합니다. 그것은 영의 생각으로 살아가는 삶입니다.

주님, 오늘도 주의 생명 안에서 내 마음이 어디에 속해 있고, 누구에게 순종하는지 알게 하시니 감사드립니다. 마귀는 이 세상 사람들이 추구하는 것들을 이용하여 늘 제 마음을 빼앗습니다. 그러나 저는 주님의 자녀이며, 이 세상이 아닌 하나님나라에 속한 자임을 다시 한번 고백합니다. 다른 사람들과 동일하게 살지 않게 하여주옵소서. 남들보다 많이 갖지 못해도, 없어서 조금 불편해도 세상이 줄 수 없는 예수님의 평안이 제 안에 있기를 원합니다. 하나님의 은혜로 충만하기를 원합니다. 성령님의 교통하심으로 언제나 아버지와 저의 삶을 나누기 원합니다. 그 일을 위해 오직 예수님께 내 마음의 뿌리를 내리도록 하겠습니다. 매 순간 주님의 사랑으로 살아가겠습니다.

너희 자신을 종으로 내주어 누구에게 순종하든지 그 순종함을 받는 자의 종이 되는 줄을 너희가 알지 못하느냐 혹은 죄의 종으로 사망에 이르고 혹은 순종의 종으로 의에 이르느니라 롬 6:16

생수의 강이 † 막히지 않도록 감사하라

살다보면 매일매일 수많은 일들이 벌어집니다. 기쁜 일도 있고 슬픈 일도 있고 쉬운 일도 있고 어려운 일도 있습니다. 그런데 우리가 하나님을 알지 못할 때는 "그 일을 어떻게 할까? 이 문제를 어떻게 해결하면 좋을까?" 이것이 전부였습니다. 다른 말로 하면 "어떻게 하면 내 마음을 기쁘게 할 수 있지?" 또는 "어떻게 하면 내 마음이 두렵지 않고 고통을 느끼지 않을 수 있을까?"입니다.

그렇지만 우리가 그리스도인이 되었다면 이제 우리가 살아가는 방법은 더 이상 "그 문제를 어떻게 해결할 수 있을까?"에 머물러서는 안 됩니다. "어떻게 하면 내 안에 계신 하나님을 나타나게 할 수 있을까?" 이것이 우리 삶의 전부가 되어야 합니다.

사탄은 우리 앞에 놓인 상황과 문제를 가지고 우리를 속입니다. 고난의 문제로 우리 마음을 빼앗으려고 합니다. 사실 우리는 마음을 빼앗기면 죽은 사람입니다. 왜냐하면 그 마음 안에 믿음이 존재하기 때문입니다. 마음을 빼앗긴다는 것은 바로 믿음을 빼앗긴다는 것과 같은 말입니다. 하나님을 의지하지 않는 마음, 그것은 바로 마귀에게 속한 마음이 되기 때문입니다. 그것을 알면서도 그 속임수에 속아 마치 꼭두각시처럼 살아가는 사람이 얼마나 많은지 모릅니다.

사탄은 문제를 가지고 우리의 마음을 빼앗으려고 하지만 하나님은 우리의 마음에 늘 예수 그리스도가 계시도록 하고, 우리의 마음을 통해 친히 삶에 개입하기를 원하십니다. 그러기 위해서 우리가 해야 할 일은 "항상 기뻐하라 쉬지 말고 기도하라 범사에 감사하라"고 하신 하나님의 뜻대로 우리 마음을 열어놓아야 합니다. 그래야 하나님께서 우리를 통해서 나타나십니다.

어렵고 힘든 우리의 문제를 해결하시는 분은 우리 안에 계신 하나님이시지 우리 자신이 아닙니다. 우리가 염려, 걱정, 근심, 불안, 두려움을 갖는 것은 마치 하나님의 생수의 강을 막는 것과 같습니다.

나를 믿는 자는 성경에 이름과 같이 그 배에서 생수의 강이 흘러나오리라 하시니 이는 그를 믿는 자들이 받을 성령을 가리켜 말씀하신 것이라 (예수께서 아직 영광을 받지 않으셨으므로 성령이 아직 그들에

게 계시지 아니하시더라) 요 7:38,39

우리는 지금 오순절 성령강림 이후의 삶, 약속하신 보혜사 성령님이 우리 안에 계시는 시대에 살고 있습니다. 우리의 배 속 깊숙한 곳에서부터 생수의 강이 흘러나오는 것을 막지 마십시오. 그것은 하나님께서 우리를 통해 나타나시도록 하는 길이자 우리 삶의 시작과 끝이 되어야 합니다.

우리의 삶에 하나님께서 개입하시고 주의 뜻을 이루시도록, 그 통로가 막히지 않도록 하는 방법은 항상 기뻐하고 쉬지 말고 기도하고 범사에 감사하는 것입니다. 우리의 영 안에 계신 하나님께서 우리의 영혼육을 통치하시도록 그 통로를 열어놓을 때 그분이 지혜를 주시고 능력을 주시고 길을 열어주십니다. 그것을 닫아놓으면 결국 자기 지혜, 자기 능력, 자기 소유로 모든 문제를 해결할 수밖에 없습니다.

그분은 지금도 우리 안에 계십니다. 그 통로가 항상 열려 있으면 그분은 신묘막측한 방법으로 우리의 문제를 해결해주십니다. 저는 예전에 그것을 아주 충격적으로 깨달은 경험이 있습니다. 유학 시절, 연구 논문 발표로 지방 신문에 기사도 나고 해서 한동안 저는 제가 꽤 잘난 사람이라고 착각한 적이 있었습니다. 그 당시 박사과정 중에 미국인 열두 명의 학생과 함께 한 수업을 듣고 있었습니다.

강의를 맡으신 교수님은 아주 유명한 석좌교수이셨습니다. 저는 수업 시간에 나름대로 질문도 하고 개인적인 의견도 피력하곤 했는데, 그때마다 그 분이 못마땅하게 여기는 것처럼 느껴졌습니다. 게다가 중간고사 시험 점수도 58점이 나왔어요. 꼴찌였습니다. 제가 보기에 채점이 잘못된 것 같아 교수님을 찾아가서 2점을 고쳐달라고 했습니다. 그러자 그 교수님이 제게 딱 잘라서 이렇게 말했습니다.

"자네는 2점을 고쳐줘도 낙제네."

잘난 척은 했는데 성적은 꼴찌이고 보니 말할 수 없이 부끄러웠습니다. 그날부터 저는 연구실에 접이식 의자를 갖다놓고 3시간 공부하면 3시간 기도하고, 5시간 공부하면 5시간 기도하기 시작했습니다. 왜냐하면 그 과목을 낙제하면 저에게 큰 문제가 될 뿐만 아니라 교수님에게까지 밉보여 제 힘으로는 도저히 어떻게 할 수 없는 위기를 맞았기 때문입니다.

기말 시험에는 그 교수님이 직접 시험 감독으로 들어오셨습니다. 시험이 시작되고 2시간이 지나자 미국 친구들은 하나둘씩 나가기 시작하는데, 저는 4시간 동안 시험지를 붙들고 있었습니다. 여전히 풀지 못한 문제가 하나 남아 있었기 때문입니다.

급기야 교수님이 저에게 와서 이렇게 말했습니다.

"이건 언어 테스트가 아니고 생화학 시험이네. 자네만 이렇게 많이 봐줄 수는 없어."

결국 저는 시험지를 빼앗기고 말았습니다.

'완전 낙제구나! 아, 결국 한국으로 돌아가야 되는구나.'

다른 친구들은 2시간 만에 다 쓰고 나갔는데, 저는 4시간 동안 풀어도 문제를 다 풀지 못하고 시험장을 나오게 되니 처음에는 눈앞이 캄캄했습니다. 보따리를 싸서 한국으로 돌아가야 한다는 생각만 들었습니다. 실망한 저의 지도교수님과 아내의 얼굴이 차례차례 떠올랐습니다. 그런데 연구실로 돌아가는 길에 신기하게도 제 마음 깊숙한 데서 감사가 흘러나오기 시작했습니다.

"주님, 죽이는 것도 주님이시고 살리는 것도 주님이십니다. 이만큼 하게 하신 것도 하나님이심에 감사드립니다."

현실과는 다르게 반응하는 제 마음을 저도 이해할 수 없었습니다. 이틀 동안 마음을 졸이며 기도하며 보냈습니다. 보통 채점이 끝나면 교수 연구실 앞에 각 사람의 시험 점수를 붙여놓고 그것을 학생들이 와서 보게 되는데, 저는 차마 낮에 가서 볼 수가 없었습니다. 어둑어둑해졌을 때 가보니 문은 이미 닫혀 있었습니다. 그래서 실험실 바깥 창에서 교수님의 연구실 문 앞에 붙은 점수를 보기 위해 애를 쓰고 있는데, 누군가가 저를 불렀습니다. 그 교수님의 중국인 조교였습니다. 그녀는 실험실 문을 열고 들어가면서 무심한 표정으로, "너 손기철이지, 이번 수업에 톱(top) 했더라"라고 말했습니다.

저는 곧바로 그녀를 따라 들어가 연구실 문에 붙어 있는 점수를 확인했습니다. 정말 제가 94점으로 12명 중에 1등이었습니다. 생각해보니 2시간 만에 시험을 보고 나간 학생들이 답을 다 쓰고 나간 것이 아니었어요. 저는 너무 기뻐서 다음 날 교수님을 찾아갔지만 그는 저를 만나주지 않았습니다. 생각하면 할수록 놀라운 일이었지요. 그 교수님에게 밉보였으니 점수가 깎이면 깎였지 그 분이 저를 봐주지는 않았을 테니 말입니다. 이것은 정말 하나님이 하신 일이었습니다.

저는 그저 공부하고 기도하고 공부하고 기도하고, 문제를 다 풀지는 못해도 어렵게 시험을 마치고 나서 끝까지 감사한 것밖에 없습니다. 그러자 하나님께서 길을 열어주신 것입니다. 하나님은 꼴찌를 1등으로 만드셔서 지옥에서 곧장 천당에 오르게 하시는 분입니다. 저는 이 일을 통해 내 상황이나 문제에 상관없이 항상 감사해야 한다는 것을 배웠습니다.

감사함으로 그의 문에 들어가며 찬송함으로 그의 궁정에 들어가서 그에게 감사하며 그의 이름을 송축할지어다 시 100:4

감사는 세상을 바꿉니다. 왜냐하면 하나님의 영광의 통로를 열기 때문입니다. 사탄은 우리를 도둑질하고 죽이고 멸망시키려고 합니다. 사탄은 내 마음에 하나님의 통로가 열려 있는 것을 가장 두려위합니다. 그러면 아무 짓도 못합니다. 결국 그들은 패하고 맙니다. 우리 안에 생수의 강이 흐르도록 하는 비결은 하나님께 감사하고 그분을 기뻐하는 것입니다.

함께 들으면 좋은 HTM 찬양
생수의 강으로 〈Heavenly Touch Worship 1집 작사/곡 박성호〉

주님, 저의 판단과 헤아림으로 울고 웃고 기뻐하고 슬퍼했던 일들이 얼마나 많았는지 모릅니다. 이 시간 주께 의지하지 않고, 눈앞의 것에 매여 살았던 것을 회개합니다. 지금까지 제 마음의 태도는 보지 못하고 하나님께서 역사하시지 않는다고 불평하며 또 그럴수록 제 자신을 정죄하며 살았습니다. 앞으로는 상황이 어떠하더라도 감사하는 제가 되겠습니다. 하나님께 감사하는 마음이 닫혔던 생수의 강을 흐르게 하고, 그럴 때 주님이 역사해주신다는 것을 알게 하시니 감사합니다. 날마다 항상 하나님께 찬미의 제사를 드리는 자가 될 것을 선포합니다.

항상 기뻐하라 쉬지 말고 기도하라 범사에 감사하라 이것이 그리스도 예수 안에서 너희를 향하신 하나님의 뜻이니라 살전 5:16-18

주님이 † 부어주시는 소원에 순종하기

많은 분들이 하나님을 위해서 어떤 일을 계획하지만 그럴 때마다 '이것이 정말 하나님이 원하시는 일일까?' 늘 생각하고 궁금해합니다. "어떻게 하면 내 소원이 아닌 하나님의 소원을 알고 행할 수 있을까?", 이것이 우리가 갖는 질문입니다. 이것은 일의 주체와 일을 행하는 방식의 문제입니다. 어떤 일을 하더라도 그 일의 주체가 우리 자신이면, 아무리 기도하고 하나님의 도움을 청한다 할지라도 그것은 자기의로 하는 자기 일일 뿐입니다. 즉, 일의 주체가 우리 자신이면 하나님께서 일하실 수 없습니다.

우리는 평생 자신이 주인이 되어 육신의 생각으로 살아왔고, 그 결과 우리 마음과 뇌에는 세상적인 사고방식과 경험이 가득 차 있습니다. 우리는 평생 하나님의 소원보다는 자신의 소원을 이루기 위해 살아왔습니다. 그렇기 때문에 그런 상태에서 하나님의 기쁘신 뜻을 이루기 위해 하나님께서 우리에게 소원을 주신다고 해도 우리는 늘 과거 습관적인 사고방식에 따라 이것이 정말 하나님이 주신 소원인지 아니면 내가 원하는 소원인지 의심하게 되는 것입니다.

하나님께서 우리를 자녀 삼으신 것은 우리가 우리 안에 오신 그분과 교제하며, 우리를 통해 그분의 일을 행하시기 위함입니다. 즉, 하나님은 우리가 이 땅을 다시 회복시키고 그분의 영광을 나타내기를 원하십니다. 하나님께서는 우리가 그분의 뜻을 이 땅에 나타내도록 하기 위해 우리에게 소원을 주십니다. 따라서 하나님의 생명이 있는 자녀는 하나님의 기쁘신 뜻을 이 땅에 표출하고 싶은 것이 당연합니다.

그렇다면 하나님이 기뻐하시는 뜻을 위해 우리에게 주시는 소원은 무엇이며 어떻게 분별할 수 있을까요? 내 마음의 소원, 하나님이 주시는 갈망은 하나님을 영화롭게 하고 하나님을 기쁘시게 하고 싶은 마음입니다. 그것은 하나님의 뜻을 이루고자 하는 마음입니다. 그런데 우리가 그것을 내 생각이라고 없애버리기도 하고, 또 내가 가진 상처와 쓴 뿌리 때문에 묻어버리는 경우가 있습니다.

하나님께서는 지금도 계속 자녀들의 마음에 소원을 주고 계십니다. 예를 들어서 오늘 아침에 기도하는데 문득 누군가 생각나서 전화해보고 싶고, 안부를 물어보고 싶고, 또는 직접 만나서 어떤 좋은 말을 전하고 싶은 마음이 들 때 그 마음에 얼마나 순종하십니까? 누구를 찾아가서 화해하거나 축복하라는 마음을 주시는데도 자존심 때문에 그 마음을 묻어버린 적이 얼마나 많습니까? 함께 점심을 먹거나 찾아가 작은 선물을 주라는 마음을 주셔도 시간이 없다는 이유로 무시한 경우는 또 얼마나 많은지요?

하나님께서 우리 마음에 주시는 소원은 큰 소리로 들리거나 확실하게 확인되지는 않습니다. 마치 우리 마음을 스쳐 지나가는 것 같습니다. 예를 들면 하나님께서 우리의 영을 통해 우리 마음에 부어 주시는 것은 마치 과거에 본 영화의 한 장면이 갑자기 떠오르는 것 같습니다. 비록 그 장면을 자세히 기억하지는 못해도 분명히 그때 그 장면에 대한 인상과 느낌은 우리 마음에 여전히 남아 있습니다.

우리가 하나님께서 그분의 기쁘신 뜻을 위하여 우리에게 주시는 소원을 깨달아 이를 실천할 때 하나님은 우리에게 더 큰 것을 보여 주시고 더 많은 일도 맡기십니다. 우리의 심령 가운데 오셔서 우리 마음에 세미한 음성을 들려주시는 하나님, 우리가 기도할 때 주시는 그 마음을 붙잡아 하나님의 뜻으로 받들어 행하느냐 그렇지 않느냐 이것이 중요합니다.

나를 보내신 이가 나와 함께하시도다 나는 항상 그가 기뻐하시는 일

을 행하므로 나를 혼자 두지 아니하셨느니라 ^{요 8:29}

이것은 예수님에게만 그런 것이 아닙니다. 오늘 우리에게도 동일합니다. 우리는 하나님의 자녀입니다. 예수님이 나와 함께하십니다. 우리가 항상 주님이 기뻐하시는 일을 행하면 그분은 우리를 혼자 두지 않으십니다. 사실은 하나님께서 우리보다 더 우리와 동행하기를 간절히 원하십니다. 하나님이 우리 안에 소원을 주실 때 주저하거나 두려워하지 마시고 하나님이 기뻐하시는 그 일을 행하십시오. 그럴 때 하나님은 우리와 함께하시고 친히 그 일에 관여하시고 그분의 영광을 드러내십니다.

여호와께서 사람의 걸음을 정하시고 그의 길을 기뻐하시나니 ^{시 37:23}

오늘 하루도 하나님의 세미한 음성에 귀 기울여보십시오. 내 안에서 불쑥 생각나는 그 사람, 그에게 전화를 걸었을 때 그 사람의 아픔과 고통을 알게 되고, 또한 그에게 나의 관심과 사랑이 필요했다는 것을 알게 되어 감사함을 느낄 때 순종하여 연락해보는 것이 하나님의 뜻이었다는 것을 깨닫게 될 것입니다. 하나님이 어떤 사람을 생각나게 하시면 그를 마음에 품고, 그를 하나님의 사랑으로 축복하고, 그의 문제가 기억나서 그 어려움을 해결해주시도록 기도하십시오.

　오래 기도하지 않아도 됩니다. 오늘 하루 뭔가 대단한 것을 추구하려고 하기보다 하나님의 음성에 귀를 기울여보십시오. 하나님이 내 마음에 소원을 주셨다고 생각될 때 그 일부터 한번 실천해보십시오. 누구의 손을 한번 꼭 잡아주는 것이 아주 작은 일 같지만 그것이 내 마음이 아니라 하나님의 기쁘신 뜻을 이루기 위해 주신 소원이라는 것을 깨달아야 합니다.

주님, 감사합니다. 오늘도 주님의 생명 가운데 거하기를 원합니다. 내 뜻과 내 생각이 아닌 내 마음속에 부어주시는 주의 갈망과 주의 기쁘신 뜻을 나타내기 원하시는 소원함을 내 마음 가운데 가득 부어주옵소서. 우리가 이 땅에서 큰 일, 대단한 일을 찾고 행하기에 앞서 주의 음성에 민감하며 주님이 하라고 하시는 작은 일에 충성할 수 있게 하여주옵소서. 눈을 감고 무릎을 꿇고 기도할 때만 하나님과 동행하는 것이 아니라 24시간, 나의 삶의 전부가 주의 갈망을 나타내는 존재가 되게 하여주옵소서. 오늘도 하나님을 영화롭게 하기 원합니다. 하나님이 기뻐하시는 그 일을 행하기 원합니다. 그래서 하나님과 늘 동행하는 삶을 살기 원합니다.

너희 안에서 행하시는 이는 하나님이시니 자기의 기쁘신 뜻을 위하여 너희에게 소원을 두고 행하게 하시나니 빌 2:13

하나님의 ✝
손을
놓치지 말라

우리가 살아가면서 느끼는 감정에는 좋은 감정도 있지만 좋지 않은 감정도 있습니다. 걱정, 근심, 염려, 두려움, 불안과 같은 부정적인 감정을 느낄 때 자기 자신이 인생의 주인인 사람은 그 감정을 없애는 일에 총력을 기울입니다. 왜냐하면 그 감정을 가지고는 자기 자신을 지탱할 수 없기 때문입니다. 열심히 기도하지만 그것은 한마디로 자신의 불안과 두려움을 없애기 위해 예수님을 이용하는 것뿐입니다. 그런 사람에게는 온전한 기쁨과 평강이 찾아오지 않습니다. 기도할 때는 잠시 괜찮은 듯하다가 다시 똑같은 불안과 두려움이 찾아오는데 그것은 자기 자신이 삶의 주인이기 때문입니다.

그러나 하나님과의 생명적 관계를 아는 사람의 반응은 전혀 다릅니다. 자신의 삶이 아닌 예수 그리스도의 삶을 사는 자에게 있어서 불안과 두려움은 하나님과의 관계, 자신의 상태를 알려주는 하나의 지표가 됩니다. 살아가면서 염려, 걱정, 불안, 두려움이 찾아올 때 '아, 나의 영적인 보호막에 손상이 갔구나' 또는 '하나님과의 관계에 문제가 생겼구나'라는 것을 알게 된다는 것입니다.

하나님께서 우리에게 주신 것은 염려하고 두려워하는 마음이 아닙니다.

> 너희 염려를 다 주께 맡기라 이는 그가 너희를 돌보심이라 벧전 5:7

우리가 살아가면서 알 수 없는 불안과 두려움을 느낄 때, 하나님과의 생명적인 관계를 아는 사람은 그 문제를 해결하려고 노력하는 대신에 즉시 그분을 찾습니다. 왜냐하면 하나님이 우리에게 주신 것은 두려워하는 마음이 아니며, 두려워하는 마음은 하나님나라의 속성이 아니라는 것을 알기 때문입니다. 하나님의 나라는 성령 안에 있는 의와 평강과 희락이라고 하셨기 때문입니다.

> 하나님의 나라는 먹는 것과 마시는 것이 아니요 오직 성령 안에 있는 의와 평강과 희락이라 롬 14:17

그런데도 우리 가운데 두려움이 있다는 것은 지금 우리가 하나님의 나라 대신에 이 세상 가운데, 하나님의 자녀 대신에 마귀의 자녀로 내쳐졌다는 것을 의미합니다. 다른 말로 하면 집을 떠나 부모를 잃은 상태가 된 것입니다. 어릴 때의 기억을 한번 떠올려보십시오. 또는 자신의 자녀를 한번 생각해보십시오. 비록 가냘픈 어린아이라 해도 부모의 손을 잡고 있으면 두려워하지 않습니다. 어디를 가더라도 행복해합니다. 그런데 그 아이가 부모의 손을 놓치고 잠시 방황하게 될 때 모든 것이 두렵지 않겠습니까? 하지만 그럴 때에도 어린아이는 문제를 스스로 해결하려고 노력하지 않습니다. 막무가내로 아빠 엄마만 찾습니다. 이것이 바로 예수님께서 어린아이와 같은 마음을 가지라고 하신 뜻입니다.

우리는 문제가 닥칠 때 어떻게든 그 문제를 스스로 피해보려고 하거나 해결하려고 노력합니다. 하지만 어린아이는 문제를 보는 것이 아니라 자신의 생명이자 최종적인 권위자인 아빠 엄마를 애타게 찾습니다. 그러다가 아빠 엄마를 찾으면 활짝 웃습니다. 자기 앞에 닥친 문제는 자기가 아니라 바로 아빠 엄마가 해결할 문제라고 생각하기 때문입니다. 하나님께서 우리에게 바로 이 마음을 원하십니다.

사랑 안에 두려움이 없고 온전한 사랑이 두려움을 내쫓나니 두려움에는 형벌이 있음이라 두려워하는 자는 사랑 안에서 온전히 이루지

못하였느니라 요일 4:18

사랑 안에 두려움이 없다고 했는데 우리가 두려워한다는 것은 우리가 하나님의 생명 안에 거하고 있지 못하다, 우리 안에 하나님의 사랑이 없다, 어린아이로 말하면 아빠 엄마의 손을 잡고 있지 못하다는 이야기가 됩니다. 온전한 사랑이 두려움을 내쫓는다고 했으니 결국 우리가 하나님 안에 들어가면 두려움은 사라지는 것입니다.

저도 그렇습니다. 불안하고 두려울 때 저는 다시 예수 그리스도 안에서 어린 시절로 돌아가 하나님 아버지의 손을 잡습니다. 이때 저는 미켈란젤로의 〈아담의 창조〉라는 그림을 생각합니다. 하나님의 손에서 아담의 손으로 생명이 흘러 들어가는 그림 말입니다. 내가 예수님 안에 있을 때 하나님 아버지가 나의 아버지이시고, 그 생명이 내 안에 있다는 것을 성령님을 통해 경험했기 때문에 그분 안에서 그분의 손을 잡으면 전혀 두렵지 않습니다. 그분이 나의 생명이고, 나의 전부이고, 모든 문제를 해결할 수 있는 분이기 때문입니다.

오직 내가 아버지만을 찾게 되고 그분 품 안에 거할 수 있다는 것을 아는 것이 바로 은혜입니다. 오늘 우리가 감당할 수 없는 문제, 우리가 풀기 어려운 관계가 있을 것입니다. 그러나 그 문제를 스스로 해결하지 않아도 되는 삶, 그 문제 때문에 걱정, 불안, 두려움에 시달리지 않는 삶이 바로 하나님 자녀의 삶입니다.

주님, 감사합니다. 날마다 주의 말씀으로 저를 새롭게 하시고 그 말씀을 통해서 어제보다 오늘, 오늘보다 내일, 더 지혜롭게 주님의 영광을 나타낼 수 있는 기회를 주시니 감사합니다. 오늘 내 삶 속에 있는 두려움과 염려, 걱정, 근심을 없애기 위해 주님을 이용하는 것이 아니라 나의 영적 상태를 볼 수 있게 하시니 감사합니다. 주님, 문제가 생길 때마다 그 문제만 해결하기 위해 주님을 이용했던 저의 태도를 진심으로 회개합니다. 마귀는 문제를 통해 저를 세상으로 끌어내어 죽이기 원하지만 이제는 더 이상 속지 않고 그때마다 곧장 아버지 집으로 돌아가 아버지의 품 안에 거하게 하옵소서. 이 땅에 도래한 하나님나라에서 하나님 아버지의 아들로 살기를 원합니다.

내가 일어나 아버지께 가서 이르기를 아버지 내가 하늘과 아버지께 죄를 지었사오니 지금부터는 아버지의 아들이라 일컬음을 감당하지 못하겠나이다 나를 품꾼의 하나로 보소서 하리라 하고 이에 일어나서 아버지께로 돌아가니라 아직도 거리가 먼데 아버지가 그를 보고 측은히 여겨 달려가 목을 안고 입을 맞추니 눅 15:18-20

심은 대로 거두는 수확의 법칙

우리의 인생에서 가장 중요한 것은 심은 대로 거두는 수확의 법칙입니다. 수확의 법칙은 콩 심은 데 콩 나고 팥 심은 데 팥이 난다는 것입니다. 이것은 물질뿐만 아니라 우리 인생의 모든 것에 적용됩니다. 또한 수확의 법칙에 따르면 우리가 심은 것은 시간이 지나면서 30배, 60배, 100배로 증수(增收)됩니다. 땅에 씨를 심으면 어떻게 되는지 생각해보십시오. 그런데 우리 마음에 심는 생각이나 감정도 마찬가지입니다. 우리 마음에 품는 것이 결국 믿음이 되고, 그 믿음대로 되는 것입니다. 그것이 시간이 지남에 따라 30배, 60배, 100배로 증수되는 것입니다. 우리가 우리 마음에 심은 대로 거두게 되는 것, 그것이 바로 우리의 인생입니다.

좋은 땅에 뿌려졌다는 것은 곧 말씀을 듣고 받아 삼십 배나 육십 배나 백 배의 결실을 하는 자니라 막 4:20

그런데 사람들은 이 수확의 법칙을 자기 소견에 따라 일방적으로 생각하는 경향이 있습니다. 좋은 것을 심었으니까 좋은 것을 많이 수확할 거라고 생각합니다. 그것은 맞습니다. 그렇지만 진리는 좋은 것에만 적용되는 것이 아닙니다. 우리가 나쁜 것을 심어도 똑같이 30배, 60배, 100배의 나쁜 것을 수확하게 됩니다. 하루에 좋은 것을 10개 심고, 나쁜 것을 100개 심었다고 하면 결산했을 때 우리는 결국 나쁜 열매를 엄청나게 많이 거두게 되어 좋은 것은 발견하지 못하게 되는 것입니다.

독사의 자식들아 너희는 악하니 어떻게 선한 말을 할 수 있느냐 이는 마음에 가득한 것을 입으로 말함이라 선한 사람은 그 쌓은 선에서 선한 것을 내고 악한 사람은 그 쌓은 악에서 악한 것을 내느니라
마 12:34,35

사람들은 흔히 내가 이런 좋은 일도 하고 저런 멋진 일도 했는데, 내 인생이 왜 이런지 모르겠다고 말합니다. 그러나 그 이유는 정확히 수확의 법칙 때문입니다. 좋은 것을 심었다 하더라도 합산해서

나쁜 것을 더 많이 심었으면 결국 수확하는 것은 나쁜 것이 많은 것입니다. 평소 자신의 마음에 어떤 것들을 심었는지 한번 생각해보십시오. 자신의 삶에서 나쁜 것이 많이 수확된다면 어떻게 해야 할까요? 그렇다면 지금부터 새롭게 심어야 합니다. 그동안에 심었던 것보다 좋은 것을 더 많이 심어야 언젠가 계속해서 좋은 수확을 기대할 수 있습니다. 오늘부터라도 좋은 것을 심으시기 바랍니다.

그렇다면 우리 마음에 심는 씨를 생각해보십시오. 우리가 악한 감정과 생각을 심으면 악한 것을 거두게 됩니다. 그러나 반대로 선한 감정과 생각을 심으면 선한 것을 거두게 됩니다. 그것도 수십 배로 수확하게 됩니다. 저는 매일 생명의 씨인 약속의 말씀을 심습니다. 왜냐하면 심는 대로 반드시 거두게 될 것을 믿기 때문입니다.

간혹 사람들 중에는 너무 어렵고 힘들어서 심을 것조차 없다고 하는데, 결코 그렇지 않습니다. 최악의 상황과 처지라 할지라도, 그럴수록 마음에 더 많은 약속의 말씀을 심어야 합니다. 왜냐하면 심지 않으면 거둘 것이 없기 때문입니다. 오늘 내 삶의 상황 역시 과거 어느 시점엔가 내가 심은 것을 거두고 있는 것입니다. 그것을 어떻게 바꿀 수 있겠습니까? 지금부터라도 다르게 심는 것만이 방법입니다. 지금은 그것이 아무것도 아닌 것 같아도 우리가 심을 때 그때부터 인생이 바뀌기 시작한다는 것을 믿으시기 바랍니다.

또 이르시되 하나님의 나라는 사람이 씨를 땅에 뿌림과 같으니 그가 밤낮 자고 깨고 하는 중에 씨가 나서 자라되 어떻게 그리 되는지를 알지 못하느니라 땅이 스스로 열매를 맺되 처음에는 싹이요 다음에는 이삭이요 그다음에는 이삭에 충실한 곡식이라 ^{막 4:26-28}

우리가 마음에 심는 것은 우리의 생각과 감정입니다. 우리 안에 무엇이 심겨 있을까요? 지금까지 우리가 세상에서 오감(五感)을 통해 보고 듣고 생각하고 경험한 것이 모두 우리 마음에 심겨진 것들입니다. 우리는 세상 신(神)에 의해 좋은 것보다는 좋지 않은 것들을 많이 심어왔습니다. 예를 들어 미움, 다툼, 질투, 증오, 게으름, 두려움, 염려, 용서하지 못함 등을 심어온 것입니다. 물론 가끔 말씀을 듣고 좋은 것도 심었지만, 나쁜 것에 비하면 그야말로 가뭄에 콩 나듯이 심었을 뿐입니다.

그렇다면 지금부터 무엇을 심어야 할까요?

끝으로 형제들아 무엇에든지 참되며 무엇에든지 경건하며 무엇에든지 옳으며 무엇에든지 정결하며 무엇에든지 사랑받을 만하며 무엇에든지 칭찬받을 만하며 무슨 덕이 있든지 무슨 기림이 있든지 이것들을 생각하라 ^{빌 4:8}

저는 저의 상황이나 판단과 상관없이 이것을 심으려고 애씁니다. 실제 세상에서 오감을 통해 들어오는 것들은 거의 부정적이고 악합니다. 내가 나를 지켜야 하기 때문에, 또는 내가 나를 지키지 못할 때 들어오는 부정적인 감정, 부정적인 생각이기 때문입니다. 그것을 심을 때 우리는 심은 그대로 거두게 됩니다. 그렇다면 우리는 반대로 심어야 합니다. 지금이라도 내 앞에 있는 모든 일에 대해 다르게 심어보시기 바랍니다. 좋은 것을 믿음으로 심어보십시오.

믿음은 바라는 것들의 실상이요 보이지 않는 것들의 증거니 히 11:1

그러면 언제부터인가 그 심은 것을 거두기 시작할 것입니다. 계속 심으십시오. 계속 심으면 나중에 수확하기에 바빠집니다. 그러나 나쁜 것을 계속 심으면 그 사람은 되는 일이 없습니다. 온통 심은 대로 거두기 때문입니다.

지금이라도 늦지 않았습니다. 믿음으로 매일 선한 것들을 심으십시오. 마음에 좋은 것을 심을 때 머지않아 놀라운 축복의 삶을 살 수 있습니다. 비록 상황이 계속 악화되어간다 할지라도 수확의 법칙을 붙들고 계속 심으십시오. 지금은 과거 때문에 좋지 않은 것을 수확할지라도 조만간 좋은 것으로 풍성한 수확을 거두게 될 것입니다.

여호와의 말씀이니라 보라 날이 이를지라 그때에 파종하는 자가 곡식 추수하는 자의 뒤를 이으며 포도를 밟는 자가 씨 뿌리는 자의 뒤를 이으며 산들은 단 포도주를 흘리며 작은 산들은 녹으리라 암 9:13

마음에 심는 것은 돈이 들지 않습니다. 아무리 심어도 지나치지 않습니다. 마음껏 심을 수 있습니다. 당신의 마음에 하나님의 말씀을 마음껏 심으십시오. 미래에 거둘 것을 매일 심고, 과거에 심은 것을 매일 거두는 놀라운 삶을 사시기 바랍니다.

주님, 저는 그동안 좋은 것에 비해서 나쁜 것을 너무 많이 심었습니다. 그 결과 지금 나쁜 것을 30배, 60배, 100배로 거두는 중입니다. 오늘부터는 주님이 주시는 일용할 양식을 먹겠습니다. 저의 상황과 처지에 따라 바뀌는 제 생각과 감정이 아니라 약속의 말씀을 찾겠습니다. 믿음은 바라는 것들의 실상이요 보이지 않는 것들의 증거라고 하셨으니, 작은 약속의 씨가 나중에 실상과 증거로 내 삶에 나타나는 것을 믿음으로 바라보겠습니다. 지금부터 육신의 생각이 아닌 영의 생각을 심을 것을 선포합니다. 날마다 좋은 것을 심고 좋은 것을 거두는 인생이 되게 하신 것을 감사드립니다.

스스로 속이지 말라 하나님은 업신여김을 받지 아니하시나니 사람이
무엇으로 심든지 그대로 거두리라 자기의 육체를 위하여 심는 자는
육체로부터 썩어질 것을 거두고 성령을 위하여 심는 자는 성령으로
부터 영생을 거두리라 갈 6:7,8

하나님의 지혜로 †
이 세상을
변화시켜라

우리는 살아가면서 지식이 필요하다는 것을 알고 있습니다. 그런데 그 지식을 언제 어디서 어떻게 사용할 수 있는지를 아는 지혜는 더 중요합니다. 고린도전서 3장에서는 바로 그 지혜에 대해 말씀합니다. 그런데 지혜에는 세상의 지혜가 있고 하나님의 지혜가 있다는 것입니다. 그러나 세상의 지혜로는 이 땅에 주의 뜻을 이룰 수 없습니다. 우리에게 정말 필요한 것은 하나님의 지혜입니다.

세상의 지혜는 현실 세계에서 우리 의식이 가질 수 있는 지혜입니다. 다시 말해 시간과 공간과 물질의 3차원과 자기 감각에 제한을 받는 인간의 지혜입니다. 그러나 하나님은 우리가 인간의 지혜가 아닌 하나님의 지혜를 갖기 원하십니다. 하나님의 지혜는 시간과 공간과 물질의 제한을 받지 않는 지혜입니다. 이 지혜를 통해 하나님의 능력이 나타납니다.

어떤 일을 해결하려고 할 때 우리는 모든 지식을 동원해서 지혜롭게 판단하려고 합니다. 이때 우리가 가질 수 있는 지혜란 모든 정보를 수집하고 그 정보를 바탕으로 자신에게 가장 유리한 것, 가장 복되고 가장 큰 행복을 가져다줄 수 있을 만한 것이 어떤 것인지 분석해서 취사선택하는 것들입니다. 그 지혜의 도를 높이기 위해 인공지능 컴퓨터를 사용하고 통계를 이용하거나 확률을 계산해가며 그 길을 찾아가는 것이 바로 세상적인 지혜입니다.

그러나 하나님의 지혜는 다릅니다. 하나님은 이 세상 만물을 섭리하시는 분입니다. 하나님은 오늘도 말씀으로 이 세상 만물을 붙들고 계시며 그것을 하나님의 뜻대로 움직이십니다. 우리는 늘 우리에게 주어진 환경을 정적(靜的)으로 봅니다. 시간과 공간과 물질에 따라서 그것이 정지되어 있다고 보고, 거기서 가장 좋은 것을 취사선택해 나가지요. 그러나 우리가 알아야 할 것은 하나님은 우리가 정적으로 보는 상황들을 그분의 뜻에 따라 바꾸시는 분이라는 것입니다.

이는 내 생각이 너희의 생각과 다르며 내 길은 너희의 길과 다름이니라 여호와의 말씀이니라 사 55:8

하나님은 하나님께서 지으신 피조세계의 시간과 공간과 물질에 제약을 받지 않으시며 하나님의 뜻을 이루기 위해 그것을 바꾸십니다. 우리에게는 바로 그 하나님의 지혜가 필요한 것입니다. 그것은 이 세상 인간이 가질 수 없는 지혜, 바로 하나님의 마음입니다. 그렇기 때문에 우리가 기도할 때 우리 생각으로 도저히 되지 않는 일, 결코 일어날 수 없을 것 같은 일들이 일어나게 되는 것입니다.

우리에게 필요한 것이 바로 이 하나님의 지혜에 따른 능력입니다. 하나님의 능력을 경험하기 위해서는 믿음이 있어야 합니다.

> 너희 믿음이 사람의 지혜에 있지 아니하고 다만 하나님의 능력에 있게 하려 하였노라 고전 2:5

그런데 믿음은 내가 가진 이 세상의 지혜나 사람의 지혜로 가질 수 있는 것이 아닙니다. 그것은 오직 하나님의 능력에 의해 이루어지며 성령 안에서 취할 수 있는 하나님의 지혜입니다. 즉 하나님의 뜻, 하나님의 마음입니다. 그 믿음을 가지시기 바랍니다.

우리는 우리의 의식으로 시간과 공간과 물질이 제한된 곳에서 살아갑니다. 그러나 우리의 본질은 하나님의 생명이며 따라서 우리는 킹덤 멘탈리티(kingdom mentality)를 가지고 시간과 공간과 물질을 초월한 하나님의 마음 안에서 이 땅을 바라보며 살아야 합니다. 그럴 때 우리는 이 땅에서 도저히 이루지 못할 것 같은 일들을 얼마든지 이루며 살 수 있습니다. 왜냐하면 우리 하나님께서 이 땅의 시간과 공간과 물질을 하나님의 뜻대로 주관하고 계시기 때문입니다.

그러면 하나님께서 하나님의 뜻대로 모든 것을 변화시키실 수 있는데 왜 이 세상을 이대로 두십니까? 하나님께서는 하나님의 뜻에 따라 하나님의 지혜를 구하는 하나님의 자녀를 통해 그분의 뜻을 이루기 원하십니다. 왜냐하면 이 땅의 모든 권세를 하나님의 자녀에게 주셨기 때문입니다.

하늘은 여호와의 하늘이라도 땅은 사람에게 주셨도다 시 115:16

지금도 하나님은 하나님의 뜻을 믿음으로 취하는 그 자녀를 통해 이 땅에 하나님의 나라를 만들어가기 원하십니다. 이 세상은 사탄에 의해 움직여지는 것이 아니라 하나님의 자녀에 의해서 움직여져야 합니다. 우리는 하나님의 지혜로 이 세상을 바꾸어 갈 수 있습니다. 따라서 우리에게 하나님의 지혜가 필요합니다. 그 지혜는 내가 더 많이 배우고 더 많은 것들을 품는다고 해서 얻을 수 있는 것이 아니라 하나님의 마음을 구할 때 얻을 수 있습니다. 하나님이 들려주시는 내적 음성으로, 환상으로, 계시로, 주의 말씀을 풀어주실 때 그것을 믿음으로 취하시기 바랍니다. 세상의 지혜와 견줄 수 없는 하나님의 지혜입니다. 그 지혜를 구하십시오.

킹덤 빌더(kingdom builder)와 세상 사람의 차이가 뭔지 아십니까? 킹덤 빌더는 진리를 알고, 지혜를 알고, 은혜를 누릴 줄 압니다. 하지만 이 땅에 속한 사람들은 자기가 일한 만큼 벌고 자기 행위에 대한 보상을 받으려고 합니다. 그러나 그리스도인의 삶은 그 이상이어야 합니다. 세상 사람들이 보기에 잘난 것도 없고 배운 것도 없고 노력하는 것도 아닌데, 그가 하는 모든 일 가운데 평강이 있고 하는 일마다 이 땅에 선한 일이 일어납니다. 우리에게 그것이 있어야 합니다. 그것이 바로 은혜입니다.

물론 우리의 삶 속에도 고통, 환난, 어려움이 있습니다. 하지만 우리는 그것을 하나님의 지혜로 이겨야 합니다. 하나님은 우리가 감당치 못할 시험 당함을 허락하지 않으시고 시험당할 즈음에 또 피할 길을 마련해주시는 분입니다. 믿는 사람이나 믿지 않는 사람에게 고통과 환난이 있지만, 그때 스스로 최선을 다해 노력하는 사람이 있는가 하면, 하나님의 은혜로 살아가는 사람이 있습니다. "하나님의 은혜 없이는 못 삽니다"라고 고백하면서 더 큰 은혜를 구하십시오. 그럴 때 하나님께서 은혜를 부어주십니다. 다른 어떤 것보다 하나님의 자녀로서 수치를 당하지 않게 하시고 하나님을 영화롭게 하도록 은혜를 구하시기 바랍니다.

주님, 감사합니다. 우리를 주관하시고 인도하시는 하나님 아버지의 마음을 갖기 원합니다. 세상적인 지혜가 아니라 하나님의 지혜를 갖기 원합니다. 하나님의 지혜는 오직 믿음으로 취할 수밖에 없다는 것을 알고 있습니다. 주님, 하나님의 지혜의 풍성함 가운데 하나님의 은혜를 누리는 삶을 살게 하여주옵소서. 날마다 하나님의 지혜로 이 세상을 주의 뜻대로 바꾸는 삶을 살게 하여주옵소서. 오늘도 주의 생명을 호흡하고 믿음으로 주의 지혜를 풍성히 누리는 하루 되게 하여주옵소서.

아무도 자신을 속이지 말라 너희 중에 누구든지 이 세상에서 지혜 있는 줄로 생각하거든 어리석은 자가 되라 그리하여야 지혜로운 자가 되리라 이 세상 지혜는 하나님께 어리석은 것이니 기록된 바 하나님은 지혜 있는 자들로 하여금 자기 꾀에 빠지게 하시는 이라 하였고 또 주께서 지혜 있는 자들의 생각을 헛것으로 아신다 하셨느니라

고전 3:18-20

전혀 ✝
다른 차원의
삶을 살라

적극적인 사고방식, 긍정적인 사고방식으로 말씀을 믿기만 하면 다 된다고 주장하는 사람들이 있습니다. 놀랍게도 그런 책에 성경 말씀이 인용되어 있기도 합니다. 그런데 이보다 더 무섭고 잘못된 믿음은 없습니다. 예수를 믿지 않으면서 말씀을 믿기만 하면 다 된다는 것은 기독교 복음과 아무 상관이 없는 인간 중심의 자기계발일 뿐입니다.

그 말씀이 너희 속에 거하지 아니하니 이는 그가 보내신 이를 믿지 아니함이라 요 5:38

예수님께서는 이 땅에 하나님의 뜻을 이루시기 위해 인자(人子)로 오셔서 하나님의 진리를 말씀하셨습니다. 성경에 기록된 말씀은 진리이지만 예수 그리스도 안에서 그 말씀이 풀어지지 않고 단지 기록된 말씀을 믿는다면, 그것은 지식일 뿐 아무 능력이 되지 않습니다. 예수님께서 우리에게 하신 말씀이 곧 예수님이고, 또한 영이요 생명입니다. 따라서 예수 그리스도 안에서만 그 말씀이 능력이 되는 것입니다.

말씀은 하나님의 뜻을 이루기 위해 필요한 것이지, 자기 뜻을 이루기 위해서 필요한 것이 아닙니다. 그런데도 오늘날 너무 많은 사람들이 자기 뜻을 이루기 위해 말씀을 믿기도 하고, 적용하기도 하고, 심지어 예수 그리스도의 이름으로 선포하기도 합니다. 우리가 예수 그리스도를 믿는다는 것, 즉 구원을 받은 것은 이제 더 이상 자신을 위한 삶을 살지 않는다는 뜻입니다. 그럼에도 불구하고 자신의 형통, 축복, 더 나은 삶을 위해 신앙생활 하는 사람들이 여전히 너무 많다는 것이 문제입니다.

사실 자기 뜻을 이루고자 하는 사람이 갖는 믿음은 온전한 믿음이 될 수 없습니다. 자신의 뜻을 이루기 원하는 사람의 믿음은 바라는 것들의 실상 대신 소망일 뿐이고, 보이지 않는 것들의 증거 대신 기대일 뿐입니다. 그들은 주의 말씀을 붙들고 믿음이 있다고 생각할지 모르지만, 소망과 기대는 믿음이 아니며 주의 뜻을 이루지도 못합니다.

소망과 기대는 자신이 주체가 되어 자기 마음으로 어떤 일이 이루어지기를 간절히 바라는 것입니다. 그러나 예수 그리스도 안에서 기도하는 사람은 성령 안에서 기도하며, 주님이 영적 세계에서 이미 이루신 것의 실상과 증거를 바라봅니다. 그 믿음대로 이 땅에 실체가 나타나는 것이지요. 전자는 우리가 이 땅에서 하늘에서 이루어질 미래를 바라보는 것이고, 후자는 하나님께서 하늘에서 이미 이루신 것을 이 땅에 나타내는 것입니다. 완전히 차원이 다른 것입니다. 지금도 예수님은 하나님 우편에서 우리를 통해 이 땅에 그분의 말씀을 이루기를 원하십니다.

제자들이 나가 두루 전파할새 주께서 함께 역사하사 그 따르는 표적으로 말씀을 확실히 증언하시니라 막 16:20

예수님의 뜻을 이루는 사람에게, 다른 말로 예수 그리스도 안에 있는 사람에게 믿음이란 아직 오지 않는 미래에 있을 것을 이미 이루어진 실상으로, 아직 눈앞에 실체로 나타나지 않는 것을 이미 보는 증거로 받아들이는 것입니다. 그것은 하나님나라에서 이미 이루어진 것이기 때문입니다. 하나님의 뜻을 이루는 사람은 그 실상과 증거를 이 땅에 나타내는 반면에 자기 뜻을 이루는 사람은 늘 하늘을 바라보며 소망하고 기대하기만 하는 삶을 살 수밖에 없는 것입니다.

> 너희가 내 안에 거하고 내 말이 너희 안에 거하면 무엇이든지 원하는 대로 구하라 그리하면 이루리라 요 15:7

주의 뜻을 이루기 위해서 무엇보다도 먼저 기억해야 할 것이 있습니다. 그것은 모든 것이 예수 그리스도로부터 출발한다는 것입니다. 우리가 예수님 안에 거하고 예수님의 말씀이 우리 안에 거하면 우리는 무엇이든지 원하는 대로 구할 수 있고 구하는 대로 이루어진다고 말씀하셨습니다. 오늘 우리가 살아가는 데 가장 중요한 것은 예수 그리스도 안에서 말씀을 믿는 것입니다. 말씀은 믿지만 예수님을 믿지 않는다는 얼토당토않은 말은 믿지 마십시오.

우주선이 발사되어 지구의 중력을 벗어나려면 강력한 추진체가 필요합니다. 그런데 일단 대기권을 벗어나기만 하면 그때부터는 지구의 중력이 작용하지 않기 때문에 그런 추진체가 더 이상 필요하지 않습니다. 이와 마찬가지로 이 세상을 벗어나기가 어렵지 일단 벗어나면 그때부터 다른 세상, 다른 법칙의 적용을 받으며 살아가게 되고, 그것이 그리 힘든 일이 아니라는 것을 알게 됩니다. 이 세상에서 내 뜻을 이루기 위해서는 엄청난 노력이 필요할 뿐만 아니라 아무리 용을 써도 제대로 되는 일이 없습니다. 그러나 내 뜻을 이루는 것이 아니라 하나님의 뜻을 이룬다는 것이 무엇인지 알게 되면, 즉 내가 죽고 내 안에 계신 그분께서 그분의 뜻을 이루시는 것은 마치 대기권 밖 우주에서 아주 적은 추진체로 마음껏 유영하게 되는 것과 같습니다.

날마다 주님이 기뻐하시는 일을 생각하고 믿음으로 실행해보십시오. 예수님의 뜻을 이루기 위해 말씀을 선포해보십시오. 정말 기막힌 삶이 시작됩니다. 우리가 다른 사람을 축복할 때 그 축복이 그 사람에게 임합니다. 내 뜻을 이루기 위해 기도하고 응답받지 못할 때는 힘이 들고 괴롭지만, 예수님의 뜻을 행하는 자는 그 결과에 관계없이 큰 기쁨이 있습니다. 왜냐하면 아들로 인하여 아버지께 영광을 돌리게 되기 때문입니다. 우리는 날마다 예수 그리스도 때문에 하나님 아버지를 영화롭게 하는 삶을 사는 존재입니다. 차원이 다른 삶을 살기 바랍니다.

함께 들으면 좋은 HTM 찬양
내 안에 오직 한 소망은 〈Heavenly Touch Worship 2집 작사/곡 박성호〉

주님, 내가 신앙생활을 하고 주의 말씀을 믿는다고 하면서 정작 그 말씀이신 예수님을 믿지 않았던 것을 회개합니다. 말씀을 읽고 묵상하기는 하지만 내 필요를 충족시키기 위해, 내 뜻을 이루기 위해 말씀을 보았던 것을 회개합니다. 주님, 오늘도 내 삶에 여러 가지 문제가 있습니다. 그 문제들에 마음을 빼앗기지 않게 하시고 먼저 예수 그리스도의 생명 안으로 들어가게 하여주옵소서. 그래서 그 문제를 해결하고 내 필요를 채우는 것이 아니라 주의 뜻을 이루는 하루가 되게 하옵소서. 하나님나라의 실상과 증거를 붙들고 선포하며 믿음으로 행동하는 차원이 다른 인생이 되게 하여주옵소서.

믿음은 바라는 것들의 실상이요 보이지 않는 것들의 증거니 히 11:1

하나님의 †
생명이
있습니까?

우리는 일반적으로 삶과 죽음을 "육신이 호흡을 하느냐", "맥박이 뛰느냐" 등으로 판단합니다. 그러나 하나님의 관점에서 볼 때 우리가 살았느냐 죽었느냐는 우리 육신의 문제가 아니라 우리 안에 하나님의 생명이 있느냐 없느냐로 결정되는 것입니다. 그 생명은 예수 그리스도를 통해서 주어지는 하나님의 생명(zoe, 헬라어로 조에)입니다.

하나님께서 하나님의 형상을 따라 하나님의 모양대로 사람을 만드시고 우리에게 하나님의 생명을 주셔서 우리가 하나님의 자녀가 되었습니다. 그러나 우리가 하나님의 말씀을 거역하여 선악을 알게 하는 나무의 열매를 먹으면 반드시 죽을 것이라고 말씀하셨습니다. 하지만 잘 알다시피 인간은 마귀에게 속아 선악을 알게 하는 나무의 열매를 먹고 말았습니다.

> 여호와 하나님이 그 사람에게 명하여 이르시되 동산 각종 나무의 열
> 매는 네가 임의로 먹되 선악을 알게 하는 나무의 열매는 먹지 말라 네
> 가 먹는 날에는 반드시 죽으리라 하시니라 창 2:16,17

우리가 생각하는 즉각적인 육체의 죽음은 없었습니다. 하나님이
말씀하신 것은 육체의 죽음이 아닌 '영적 죽음'이고, 그 결과 인간은
육적 죽음을 맞이하게 됩니다. 영적 죽음이란, 하나님의 생명이 떠
남으로써 우리가 더 이상 하나님의 본질을 나타낼 수 없는 존재가
되었다는 것입니다. 하나님의 영이 없는 자는 죄를 지으며 살 수밖
에 없고, 그 결과 점차 스스로 파괴하며 살아가게 되고, 결국 육신의
죽음을 맞이하게 되는 것입니다.

> 죄의 삯은 사망이요 하나님의 은사는 그리스도 예수 우리 주 안에 있
> 는 영생이니라 롬 6:23

타락하고 난 뒤 우리는 하나님의 영이 아닌 세상 신(神)의 통제를
받는 자기의식을 갖게 되었습니다. 그것은 바로 자존자로서 마귀의
본성을 나타내는 존재로 살아간다는 것입니다. 그러나 하나님께서

는 우리가 다시 하나님의 성품을 나타내는 자녀로, 본래 지으신 뜻대로 우리를 통해 이 땅을 통치하기를 원하셨습니다. 그러기 위해서는 하나님의 생명이 다시 우리 안에 오셔야 합니다. 그러나 우리가 죄 가운데 사는 이상 그 일은 일어날 수 없는 것입니다. 그렇기 때문에 하나님께서 이 땅에 예수님을 보내주시고, 그분이 통치하시는 세상이 시작되었음을 알리시고, 우리가 회개하고 다시 하나님의 자녀로 돌아오도록 하기 위해 예수님께서 친히 우리의 죄 값을 지불하도록 하신 것입니다.

하나님이 세상을 이처럼 사랑하사 독생자를 주셨으니 이는 그를 믿는 자마다 멸망하지 않고 영생을 얻게 하려 하심이라 요 3:16

우리가 예수 그리스도를 믿고 죄 사함을 받을 때 우리 안에 있는 세상 신이 떠나가고 하나님의 영이 다시 우리 안에 들어오십니다. 예수 그리스도를 통해 우리에게 주어진 하나님의 생명은 시작도 끝도 없는 영원한 생명입니다. 따라서 하나님의 생명이 있으면 그 사람은 산 자입니다. 비록 육신의 장막을 벗더라도 그에게는 영생이 있습니다. 그러나 하나님의 생명이 없으면 그 사람은 육신이 건강해도 하나님이 보시기에 죽은 자입니다. 육신의 장막을 벗게 될 때 그는 하나님의 생명인 영생이 없기 때문에 영벌에 들어갈 수밖에 없습니다.

우리는 영생을 제대로 이해해야 합니다. 우리는 흔히 예수 그리스도를 믿기 때문에 우리가 영원히 산다(영생을 누린다)고 생각합니다. 하지만 그것은 영생의 의미를 제대로 이해하지 못하는 것입니다. 하나님의 생명이 곧 영생입니다. 영생은 하나님의 본질입니다. 우리에게 영생이 있다는 것은 하나님의 본질을 나타내는 존재가 되었다는 뜻입니다. 하나님의 생명은 영원한 생명입니다. 하나님의 생명이 우리 안에 있기 때문에 우리가 영생하는 것은 당연합니다. 따라서 영생을 누린다는 것은 우리가 죽고 난 다음부터 누리는 것이 아니라 예수 그리스도를 믿는 그 시점부터 우리는 이미 영생을 누리는 것입니다.

우리는 예수 그리스도 안에서 예수님이 재림하실 때까지 그분의 생명을 나타내는 존재로 살아야 합니다. 성경에서는 그것을 상속자로서 유업을 이어받는다고 말합니다. 그런데 우리가 그렇게 살지 못하기 때문에 "잠자는 자여 깨어서 죽은 자들 가운데서 일어나라"고 말씀하시는데, '죽은 자'는 바로 하나님의 생명이 없는 자를 말하며, '잠자는 자'는 하나님의 생명이 있는데도 없는 것처럼 하나님의 본질을 나타내지 못하는 자를 가리킵니다.

그러므로 이르시기를 잠자는 자여 깨어서 죽은 자들 가운데서 일어나라 그리스도께서 너에게 비추이시리라 하셨느니라 엡 5:14

주님, 감사합니다. 예수 그리스도 안에 있을 때 하나님의 생명이 임하심으로 영원한 삶이 무엇인지 깨닫게 하시니 감사드립니다. 지금까지 예수 그리스도를 믿었기 때문에 죽고 난 다음에도 영생을 누린다고 생각해왔는데, 이 진리의 말씀을 통해 제가 이미 영생을 누리는 존재라는 것을 알게 되었습니다. 이제부터는 하나님을 섬기는 자가 아니라 내 안에 계신 하나님의 생명을 나타내는 자의 삶을 살기 원합니다. 날마다 성령 안에서 주의 말씀이 내 혼과 육에 풀어지게 하옵소서.

또 증거는 이것이니 하나님이 우리에게 영생을 주신 것과 이 생명이 그의 아들 안에 있는 그것이니라 아들이 있는 자에게는 생명이 있고 하나님의 아들이 없는 자에게는 생명이 없느니라 요일 5:11,12

하나님의 ✝
말씀만이
다림줄이다

우리는 매일 자신이 보고 듣고 경험한 것에 기초한 삶을 삽니다. 사실 자신이 보는 것이나 듣는 것이 다 옳은 것도 아닌데 말입니다. 보는 것을 생각해보십시오. 우리는 보기 때문에 믿는 것이 아니라 믿기 때문에 보며, 믿은 만큼 보게 됩니다.

어떤 것을 볼 때 우리는 우리가 본 것을 본 그대로 받아들인다고 생각할지 모릅니다. 그러나 사실 우리는 우리 안에 들어온 정보를 우리의 뇌와 마음이 어떻게 인식하느냐로 그 대상을 보는 것입니다. 저도 제가 찾는 어떤 물건이 바로 눈앞에 있는데도 정작 제 눈에만 보이지 않아 찾고 찾는 것을 본 아내가 "여기 있잖아요"라고 말하면서 그 물건을 건네줄 때가 얼마나 많은지 모릅니다. 왜냐하면 우리는 '내가 믿는 대로, 내 마음의 생각대로' 보기 때문입니다.

들는 것도 마찬가지입니다. 우리는 믿기 때문에 듣고 또 믿는 만큼 듣습니다. 두 사람 앞에서 같은 말을 했는데도 서로 다르게 이해하는 것을 보면 정말 그렇습니다. 그래서 굉장히 놀라고 당황할 때가 있습니다. 듣는 것도 자기 믿음으로 듣기 때문입니다. 들었기 때문에 믿는 것이 아니라 믿는 만큼 듣는 것이지요. 그런데도 우리는 우리가 보고 듣는 것이 마치 사실이고 진리인 양 거기에 입각한 삶을 삽니다.

한편 다른 사람을 생각할 때에도 나 자신의 경험을 바탕으로 그를 이해하며 살아갈 때가 많습니다. 흔히 "이러이러하니까 이럴 거야"라고 미루어 판단하지요. 누군가에게 한마디 들었을 때에도 그 상황을 제대로 파악하지 못한 채, 나 혼자 오해하거나 왜곡해서 그 사람은 전혀 그렇게 생각하지 않는데 속으로 분을 내든지 미워한 일이 얼마나 많습니까? 부끄럽지만 이런 일들이 일어나는 것은 다 자기 경험에 기초해서 생각하기 때문입니다.

또 이르시되 너희가 무엇을 듣는가 스스로 삼가라 너희의 헤아리는 그 헤아림으로 너희가 헤아림을 받을 것이며 더 받으리니 ^{막 4:24}

우리는 하나님과의 교제가 조금이라도 멀어지면 하나님의 말씀의 다림줄로 우리 자신을 판단하지 않고 금세 자신이 판단하는 사실과 경험에 기초한 삶을 살아갑니다. 그리고 그 문제로부터 벗어나기 위해 하나님을 이용하기도 합니다. 그렇기 때문에 단단한 음식은 먹지 못하고 젖이나 먹어야 하는 어린아이 신앙에서 벗어나지 못하는 것입니다. 우리는 하나님의 말씀에 기초한 지각을 사용할 줄 알아야 합니다.

단단한 음식은 장성한 자의 것이니 그들은 지각을 사용함으로 연단을 받아 선악을 분별하는 자들이니라 히 5:14

진정한 그리스도인의 삶이란, 하나님의 말씀과 하나님과의 관계를 다림줄로 항상 자신의 마음의 생각과 감정을 돌아보는 것입니다. 우리가 돌아봐야 할 것은 보이는 것이 아니라 보이지 않는 것입니다. 보이는 것은 사실과 경험이지만 보이지 않는 것은 하나님의 본성인 사랑과 영이요 생명인 진리의 말씀입니다.

은혜와 긍휼과 평강이 하나님 아버지와 아버지의 아들 예수 그리스도께로부터 진리와 사랑 가운데서 우리와 함께 있으리라 요이 3

살리는 것은 영이니 육은 무익하니라 내가 너희에게 이른 말은 영이요

생명이라 요 6:63

    따라서 우리는 늘 하나님의 사랑과 말씀에 기초해서 내가 보고 내가 들은 것, 내 감정까지도 바꿀 줄 알아야 합니다. 이것이 바로 마음을 새롭게 한다는 뜻이며 진정한 믿음이기도 합니다. 마귀는 우리로 하여금 이런 삶을 살지 못하도록 갖가지 방법과 수단을 동원하여 우리의 마음을 미혹시킵니다. 현실의 상황이나 우리의 경험을 통해 두려움을 주기도 하고, 탐욕을 일으키기도 하고, 거짓말하기도 하고, 참소하기도 합니다.

    무엇보다 중요한 것은 어떤 상황에서도 우리의 마음이 요동치 않아야 한다는 것입니다.

    우리가 다 하나님의 아들을 믿는 것과 아는 일에 하나가 되어 온전한 사람을 이루어 그리스도의 장성한 분량이 충만한 데까지 이르리니 이는 우리가 이제부터 어린아이가 되지 아니하여 사람의 속임수와 간사한 유혹에 빠져 온갖 교훈의 풍조에 밀려 요동하지 않게 하려 함이라
엡 4:13,14

    보이는 것은 잠깐이지만 보이지 않는 것은 영원합니다. 잠깐 보이는 것에 기초한 삶이 아니라 보이지 않지만 영원히 변치 않는 하나님

의 사랑과 진리의 말씀에 기초한 삶을 사십시오. 말씀만이 나를 진리에 서게 하며, 말씀만이 세상을 바르게 보게 하며, 말씀만이 세상을 바꿀 수 있습니다.

지금 자신의 삶을 한번 생각해보십시오. 당신은 장성한 자입니까? 아니면 여전히 젖 먹는 어린아이입니까? 보이는 것에 기초하여 살아갑니까? 아니면 보이지 않는 것에 기초하여 살아갑니까? 우리가 사실과 경험에 기초해서 잘못 생각하고 잘못 행동한 것이 얼마나 많았는지 돌아보고 그것을 주님 앞에 내려놓기 바랍니다. 그리고 주님의 사랑과 말씀에 나의 마음을 일치시켜가는 삶을 훈련하시기를 축복합니다.

주님, 제 마음은 세상이 줄 수 없는 평강을 누리기보다 상황에 따라 늘 요동쳤습니다. 제가 그렇게 살 수밖에 없었던 것은 바로 제가 감각과 경험에 기초한 삶을 살았기 때문이라는 것을 알았습니다. 제 마음을 하나님의 사랑과 말씀으로 지키는 훈련을 하기보다 마귀에 의해 제 마음이 요동칠 때마다 주의 이름을 부르며 도와달라고 매달리기만 했을 뿐입니다. 그러나 이제는 눈에 보이는 것이 아니라 눈에 보이지 않는 것을 보는 훈련을 하겠습니다. 하나님의 사랑과 생명의 말씀만이 저의 다림줄이 되었음을 선포합니다.

우리의 주목하는 것은 보이는 것이 아니요 보이지 않는 것이니 보이는 것은 잠깐이요 보이지 않는 것은 영원함이라 고후 4:18

어떻게 † 혼을 만족시킵니까?

우리는 그리스도인이면서도 여전히 예수 그리스도 안에서 성령님께 의지하기보다 우리 육신에 의지하여 내 눈으로 보고 내 귀로 듣고 내 마음으로 생각하고 그것으로 판단하며 살아갑니다. 그러나 우리가 하나님의 영에 인도함을 받는 삶을 살기 원한다면 우리는 마치 육신이 없는 것처럼 살아가는 훈련을 해야 합니다. 이 훈련에 성공하기 위해서 우리는 먼저 우리의 혼이 충만한 하나님의 사랑을 맛보도록 해야 합니다.

우리는 우리 자신의 노력이나 어떤 조건과 상관없이 누군가로부터 끊임없이 무조건적인 사랑을 받는다고 느낄 때 비로소 온전한 삶을 살 수 있습니다. 왜냐하면 우리는 하나님의 생명으로부터 태어난 존재이기 때문입니다. 하나님의 존재는 영이시고, 하나님의 본질은 생명이시고, 하나님의 본성은 사랑이십니다. 하나님의 사랑은 서로 생명을 나누는 것이고, 이타적인 것이고, 하나가 되는 것입니다. 우리는 끊임없이 누군가의 사랑을 추구하며 살아갑니다. 그것이 바로 우리가 하나님으로부터 창조되었다는 결정적인 증거이기도 합니다.

그렇지만 우리는 대부분 사랑이 충족되지 않는 삶을 살아왔습니다. 부모나 배우자에게서 충분한 사랑을 받지 못했을 뿐만 아니라 그 사랑으로 만족할 수 없었습니다. 우리도 타락 이전에는 하나님처럼 자신 안에 있는 사랑을 본성적으로 다른 사람에게 나누어주는 삶을 살았지만, 타락한 이후에는 자기 혼의 목마름을 채우기 위해 다른 사람을 사랑하거나 물질에 탐닉하거나 더 많이 소유하고자 하는 삶을 살게 되었습니다. 이것은 자기 혼의 목마름을 채우기 위한 육적인 방법입니다.

> 내 백성이 두 가지 악을 행하였나니 곧 그들이 생수의 근원되는 나를 버린 것과 스스로 웅덩이를 판 것인데 그것은 그 물을 가두지 못할 터진 웅덩이들이니라 렘 2:13

육신의 갈망은 혼이 허하기 때문입니다. 그래서 사람들은 육신을 만족시키는 것으로 혼의 허함을 달래려고 합니다. 그러나 성경 말씀처럼 그것은 마치 밑 빠진 독에 물을 붓는 것과 같습니다. 아무리 채워도 혼은 만족을 얻을 수 없습니다. 왜냐하면 하나님의 사랑만이 혼을 만족시킬 수 있기 때문입니다. 하나님의 사랑으로 우리의 혼이 만족할 때 비로소 육신의 탐욕과 욕구가 사라지게 됩니다. 더 이상 육신에 의지하여 살지 않게 된다는 것입니다.

> 우리에게 주신 성령으로 말미암아 하나님의 사랑이 우리 마음에 부은 바 됨이니 롬 5:5

본래 인간의 모든 탐욕은 하나님의 영광이 떠나서 생겨난 것입니다. 탐욕이 있기 전에 우리에게는 갈망이 있었습니다. 그러나 그 갈망은 내 육신의 만족을 얻고자 하는 갈망이 아니었습니다. 하나님의 생명의 사랑이 내 안에 들어와 하나님의 뜻을 이 땅에 이루고자 하는 갈망, 하나님과 더 깊이 교제하여 친밀함을 이루고자 하는 갈망이었습니다. 그런데 우리의 심령 가운데 하나님의 영광이 떠났기 때문에 우리의 혼은 목마르고 배고프게 되었고, 그 결과 우리 육신은 우리의 혼을 만족시키기 위해 밖에서부터 안으로 끊임없이 채워 넣어야 했습니다.

> 내가 주는 물을 마시는 자는 영원히 목마르지 아니하리니 내가 주는

물은 그 속에서 영생하도록 솟아나는 샘물이 되리라 요 4:14

우리가 육신에 기초한 삶이 아니라 영에 기초한 삶을 살게 될 때 우리는 비로소 영원한 만족을 느끼게 됩니다. 왜냐하면 우리 혼에 하나님의 사랑이 충만히 거하기 때문입니다.

곧 내가 그들 안에 있고 아버지께서 내 안에 계시어 그들로 온전함을 이루어 하나가 되게 하려 함은 아버지께서 나를 보내신 것과 또 나를 사랑하심 같이 그들도 사랑하신 것을 세상으로 알게 하려 함이로소 이다 요 17:23

너무나 놀라운 것은 하나님께서 예수님을 사랑하시는 만큼 우리를 사랑하신다는 것입니다. 성령님이 내 안에 오시는 날에 그렇게 되는 것입니다. 모든 삶의 기초가 여기에 있습니다. 아버지께서 우리를 얼마나 사랑하시는지 아는 것입니다. 우리가 이 세상 어떠한 상황에서도 흔들리지 않고 이 땅에서 주의 뜻을 이루며 살 수 있는 것은 아무 조건도 없고 무한하신 그분의 놀라운 사랑을 내 안에서 경험하기 때문입니다.

육신의 욕구를 끊을 때 우리는 곤고한 '영혼의 밤'을 지나게 됩니다. 그러나 예수 그리스도 안에서 믿음으로 그 시간을 보내고, 마침

내 성령님을 통하여 내 영으로부터 내 혼에 하나님의 무조건적인 사랑이 끊임없이 부어지는 것을 체험하게 되면 우리는 전혀 다른 삶, 새로운 피조물 된 삶을 살게 됩니다. 궁극적으로 예수님이 우리에게 계시해주시고자 하는 것이 바로 이것입니다. 아버지와 예수 그리스도의 관계, 우리도 그와 동일한 관계 안에 있다는 것을 알려주시는 것입니다.

만일 우리가 자기 육신의 만족을 채우려고 한다면 우리는 평생 그렇게 살 수밖에 없습니다. 그러나 영의 인도함을 받을 때는 그 혼이 하나님의 사랑 때문에 주의 뜻을 이루는 삶을 살게 됩니다. 몸은 죽여도 영혼은 죽이지 못하는 사탄을 두려워할 것이 아니라 우리의 몸과 영혼을 함께 멸하실 수 있는 하나님을 알 때 우리가 새로운 삶, 놀라운 삶을 살 수 있다는 것입니다.

몸은 죽여도 영혼은 능히 죽이지 못하는 자들을 두려워하지 말고 오직 몸과 영혼을 능히 지옥에 멸하실 수 있는 이를 두려워하라 마 10:28

영에 기초한 삶을 살 때 우리는 더 이상 육신의 욕구에 좌우되는 삶이 아닌 새로운 육체를 경험하는 영적인 존재가 됩니다. 우리가 더 많이 기도하고 더 경건하게 살면 좀 더 영적인 것을 추구하는 것 같아도 사실은 그렇지 않습니다. 우리가 이미 내 안에 계신 그분의 사랑에 접속될 때 우리는 날마다 새로운 육체를 경험하게 됩니다.

지금 우리가 육신 안에 거하고 있지만 그 육신이 없다고 생각하고 나의 혼의 만족을 위한 삶을 살아보십시오. 그럴 때 우리 혼은 우리의 심령 안에 계시는 하나님의 영을 찾게 될 것이고, 그 영의 인도함을 받게 될 것입니다. 내 혼이 그분만 의지하여 보고 듣고 생각하는 훈련을 할 때 그리스도와의 놀라운 친밀함(intimacy)을 누리게 될 것입니다.

주님, 이 시간 제 삶을 되돌아봅니다. 열심히 기도하고 말씀을 보지만 내 혼의 허함과 욕구를 채우기 위해서 내 육신이 죄의 병기로 사용되고 있음을 솔직히 고백합니다. 내 육신의 노력으로는 내 혼을 결코 만족시킬 수 없다는 것을 알게 하시니 감사합니다. 내 혼이 영원히 목마르지 않고 허하지 않게 되는 것은 하나님의 생명, 바로 사랑이 채워질 때입니다. 성령님이 제 안에 계시니 감사합니다. 날마다 밖에서 채우는 것이 아니라 내 영으로부터 흘러나오는 생명의 물을 마심으로 내 육신이 만족케 되고, 그 사랑을 나눔으로 내 주위에 목마른 사람이 없도록 하여주옵소서. 매일매일 주의 사랑을 나누는 새 사람이 될 것을 선포합니다.

우리에게 주신 성령으로 말미암아 하나님의 사랑이 우리 마음에 부은 바 됨이니 롬 5:5

두 차원의 †
인생

저는 많은 사람들을 위해 기도하면서, 많은 그리스도인들이 천국의 소망을 가지고 있다고는 하지만, 막상 이 땅을 떠날 때가 되면 천국에 가기 싫어 한다는 것을 알게 되었습니다. 짐작컨대 실제로 이 땅에서 어떻게 하면 복된 삶을 살 수 있을까에 더 집착한 결과라고 생각됩니다. 하나님나라의 복음에 따르면, 우리가 이 땅에서의 삶뿐만 아니라 하나님나라의 삶이라는 두 차원의 삶을 잘 이해할 때 성경의 비밀이 놀랍게 풀어지는 것을 경험하게 되며 이 땅의 삶의 본질도 제대로 깨닫게 됩니다.

성경에는 예수님께서 이 땅에 인자로 오셔서 이 땅에서 하늘나라를 바라보는 것에 대한 말씀도 있지만, 하늘나라에서 이 땅을 바라보는 것에 대한 말씀도 많습니다. 그리스도의 영이 우리 안에 계실 때 우리가 바로 하나님의 나라입니다. 그 말은 비록 우리가 육신으로 이 땅에 거하지만 그분의 영으로 인하여 하나님의 자녀가 되었고, 우리의 국적도 이 땅이 아닌 하나님나라이며, 하나님나라의 시민권자로서 이 땅에서 대사(大使)의 직분을 행한다는 것입니다. 이제 우리는 예수 그리스도와 함께 이 땅에서 하늘을 바라볼 수도 있지만, 그리스도의 영으로 말미암아 하늘나라에서 이 땅을 바라볼 수도 있어야 합니다. 그럴 때 우리의 삶의 목적이 무엇인지 분명히 깨달을 수 있습니다.

하나님께서는 이스라엘 백성이 하나님의 모든 명령을 지켜 행하면 가나안 땅으로 들어갈 수 있게 해주겠다고 약속하셨습니다. 이렇게 구약 시대에는 애굽과 광야, 가나안이라는 장소의 개념으로 세상과 하나님나라를 나누었습니다. 하지만 오늘 우리의 삶은 그리스도의 생명이 있느냐 없느냐에 따라서 이 세상과 하나님나라의 삶으로 나뉘어집니다.

바리새인들이 하나님의 나라가 어느 때에 임하나이까 묻거늘 예수께서 대답하여 이르시되 하나님의 나라는 볼 수 있게 임하는 것이 아니요 또 여기 있다 저기 있다고도 못하리니 하나님의 나라는 너희 안에 있느니라 눅 17:20,21

그리스도의 생명이 있으면 육신은 현실 세계에 있어도 우리의 본질적인 삶은 하나님나라의 삶입니다. 따라서 우리 삶의 목적 또한 하나님나라가 이 땅에 임했기 때문에 뜻이 하늘에서 이루어진 것같이 이 땅에도 이루어지도록 하는 것, 하나님이 예수 그리스도를 통해서 이루신 약속의 말씀을 우리도 이 땅에서 이루어가는 삶을 사는 것입니다.

다시 한번 구약의 관점을 생각해보겠습니다. 이스라엘 백성이 가나안 땅으로 들어가 살기 위해서는 먼저 훈련을 받지 않으면 안 되었습니다. 즉, 떡을 구하는 세대는 가나안 땅으로 들어갈 수 없다는 것입니다. 하나님께서 이스라엘 백성들을 40년 동안 광야 길을 걷게 하신 것도 장차 들어가 살 가나안 땅의 삶을 훈련시키기 위해서입니다.

그런 삶 가운데 하나님께서는 그들에게 만나를 주셨습니다. 만나는 하늘에서부터 이 땅에 내려온 것으로 그들과 아무 상관이 없고, 그들이 만들 수 있는 것도 아니고, 하루가 지나면 사라집니다. 만나를 주신 하나님의 궁극적인 뜻은 그들의 삶이 어떤 것인지 알려주는 것으로 만나는 그것을 보여주는 하나의 징표였습니다. 하나님께서 그들에게 만나를 먹이신 것은 사람이 떡으로만 사는 것이 아니라는 것을 가르치기 위해서입니다. 우리의 노력과 행위가 아닌 우리 삶의 주인이신 하나님을 의지하기를 원하셨기 때문입니다.

그런데 우리는 이 말씀을 "아, 사람이 떡만 먹을 것이 아니라 하나님의 말씀을 먹어야 되는구나"라는 식으로 인간적으로 적용합니다. 그러나 이 말씀은 첫째, 떡과 말씀의 비유입니다. 그것은 육의 양식과 영의 양식입니다. 둘째, 만나와 말씀의 비유입니다. 그것은 보이지만 하루 만에 사라지는 만나와 보이지 않지만 영원히 존재하는 말씀의 비유입니다. 셋째, 우리가 먹고 살아야 할 떡과 하나님의 뜻을 이루는 말씀의 비유입니다.

여기서 우리는 우리가 먹고 살아가는 데 필요한 떡과 하나님의 뜻을 이루는 말씀의 비유에 집중해볼 필요가 있습니다. 예수 그리스도의 참 빛 아래에서 구약을 새롭게 보게 될 때 이 말씀은 하나님의 말씀, 즉 하나님의 뜻이 하늘에서 이루어진 것처럼 이 땅에 이루어지는 삶을 영적으로 시사한다고 볼 수 있습니다.

예수님께서 성령으로 충만하여 성령에 이끌려 광야로 가셨을 때 사탄이 바로 이것으로 예수님을 시험했습니다.

시험하는 자가 예수께 나아와서 이르되 네가 만일 하나님의 아들이어든 명하여 이 돌들로 떡덩이가 되게 하라 예수께서 대답하여 이르시되 기록되었으되 사람이 떡으로만 살 것이 아니요 하나님의 입으로부터 나오는 모든 말씀으로 살 것이라 하였느니라 하시니 마 4:3,4

예수 그리스도는 인자로 이 땅에 오셨지만 그분의 본적지는 하나님나라입니다. 사탄은 "네가 하나님의 아들이라면 이 땅에서 네가 할 수 있는 일을 해보라" 하며 예수님을 시험합니다. 그러나 그때 예수님은 사람이 노력과 의지로 사는 것이 아니라 하나님이 말씀하신 하늘의 것을 이 땅에 이루는 삶을 살아야 한다고 말씀하십니다.

"사람이 떡으로만 살 것이 아니요 하나님의 입으로부터 나오는 모든 말씀으로 살 것이라", 즉 하나님의 입으로부터 나오는 말씀이 곧 실체입니다. 그래서 예수님이 "내가 너희에게 이른 말은 영이요 생명이라"라고 하신 것입니다. 그렇습니다. 하나님의 영광의 임재 가운데 말씀은 영적 실체입니다. 그 말씀이 이 땅에 선포될 때 실체로 나타나는 것입니다. 마치 하나님께서 "빛이 있으라" 하시매 이 땅에 빛이 창조된 것처럼 말입니다. 사탄은 예수님에게 이 땅과 세상의 차원에 대해 말했지만 예수님은 하나님의 뜻을 이 땅에 이루는 하나님나라 차원에 대해 말씀하신 것입니다.

요한복음에도 동일한 말씀이 있습니다. 행로에 지치셨던 예수님이 사마리아 수가성 여인과 말씀을 나누고 나자 먹을 것을 사러 동네로 들어갔던 제자들이 돌아와 예수님께 음식을 권했을 때 예수님은 다음과 같이 말씀하셨습니다.

예수께서 이르시되 나의 양식은 나를 보내신 이의 뜻을 행하며 그의

일을 온전히 이루는 이것이니라 요 4:34

바로 이 예수님의 삶이 우리의 삶이 되어야 합니다. "나를 보내신 이의 뜻을 행하며 그의 일을 온전히 이루는 이것"이 곧 하늘에서 이루어진 뜻을 이 땅에 나타내는 것입니다. 이것이 바로 하나님의 입에서 나오는 모든 말씀으로 산다는 의미입니다. 그 말씀이 곧 하나님 나라의 실체이기 때문입니다. 그 실체를 이 땅에 이루는 것이 그분의 뜻을 행하며 그분의 일을 온전히 이루는 삶이 되는 것입니다.

우리에게 정말 그리스도의 생명이 있습니까? 그렇다면 우리는 하나님으로부터 났고, 예수 그리스도 안에 있는 새로운 피조물이며, 우리의 본적은 하나님나라이며, 대사의 직분으로 이 땅에서 사는 것입니다. 그런데도 우리가 늘 이 땅의 삶만 생각한다는 것입니다.

'어떻게 하면 하늘의 것을 가져와서 이 땅에서 더 잘 살까?'

이렇게 생각한다면 그것은 떡만 추구하는 것입니다. 내가 열심히 기도해서 뭔가 이루는 것이 아닙니다. 우리는 하나님의 말씀을 이루는 존재이고, 그것이 바로 예수님의 삶이자 우리의 삶입니다. 이 땅에서 하늘만 바라보는 삶이 아니라 하늘에서 이 땅을 바라보는 삶이 곧 그리스도의 영의 인도함을 받는 삶입니다.

주님, 제가 이 땅에서의 삶이 끝날 때 정말 천국에 대한 소망
이 있을까요? 지금 천국의 삶을 살고 있다면, 육신을 벗은
다음 더 놀라운 삶에 대한 소망이 있겠지만, 지금 천국의 삶
이 무엇인지 모른다면 육신을 벗은 다음에 가는 천국에 대
해 두려움만 있을 것 같습니다. 떡과 말씀에 대한 비유를 늘
기억하게 하옵소서. 그리하여 보이는 것, 이 땅의 것에 묶이
지 않게 하시고, 보이지 않지만 영원한 주의 말씀으로 살게
하셔서 그 실체를 이 땅에 이루어가게 하옵소서. 저도 그런
예수님의 삶을 살 수 있도록 하기 위해 주님이 제 성, 제 본
적, 제 생명 모두 이미 바꾸셨음을 선포합니다.

시험하는 자가 예수께 나아와서 이르되 네가 만일 하나님의 아들이
어든 명하여 이 돌들로 떡덩이가 되게 하라 예수께서 대답하여 이르
시되 기록되었으되 사람이 떡으로만 살 것이 아니요 하나님의 입으
로부터 나오는 모든 말씀으로 살 것이라 하였느니라 하시니 마 4:3,4

내 입의 말로 †
인생을
변화시켜라

우리는 살아가면서 선한 말도 하지만 악한 말도 하게 됩니다. 그런데 우리는 얼마나 자기합리화에 능한지 선한 말에 대한 열매는 거두기 원하면서 악한 말에 대한 열매는 없다고 생각합니다. 그러나 악한 말에 대한 열매도 반드시 맺힙니다. 또 우리는 복을 받든지 안 받든지 할 거라는 식으로 가볍게 생각하고 말하는데 절대 그렇지 않습니다. 우리 인생은 축복을 받든지 아니면 저주를 받든지 둘 중에 하나입니다. 우리는 내 입에 파수꾼을 세우고 내 입술의 문을 지켜 달라고 구해야 합니다. 우리는 말들의 입에 재갈을 물려 순종해야 합니다. 왜냐하면 내가 말하는 대로 나의 삶이 이루어지기 때문입니다. 그런데 불행하게도 우리가 말을 함부로 해서 얼마나 후회하는 삶을 사는지 모릅니다.

> 우리가 말들의 입에 재갈 물리는 것은 우리에게 순종하게 하려고 그
> 온몸을 제어하는 것이라 약 3:3

그런데 우리가 말에 대해 가장 먼저 깨달아야 할 것은 좋은 말, 나쁜 말보다 하나님의 뜻을 이 땅에 이루기 위해 말하는 방식입니다. 하나님은 하나님의 마음에 품으셨던 것을 말씀하심으로써 천지 만물을 지으셨습니다. 하나님의 영이 수면 위에 운행하실 때 하나님은 "빛이 있으라" 하셨고 그러자 빛이 생기게 되었습니다. 그 하나님께서 인간을 하나님의 형상과 모양대로 지으셨고 우리에게 하나님의 생명을 불어 넣으셨습니다. 따라서 하나님께서 이 세상을 이루어 가시는 방식은 우리에게도 동일하게 적용됩니다. 우리가 이 세상에 어떤 일들을 이루는 것은 우리 입술로 선포할 때입니다. 그 선포대로 이루어지는 것입니다.

> 사람이 마음으로 믿어 의에 이르고 입으로 시인하여 구원에 이르느니
> 라 롬 10:10

그런데 그 말이 능력이 되기 위해서는 내 마음의 믿음과 내 입술

의 고백이 일치되어야 합니다. 그렇다면 왜 좋은 일은 잘 안 이루어지고 나쁜 일은 내가 말하는 대로 잘 이루어지는지 한번 생각해보셨습니까?

"에이, 죽일 놈!"

우리 마음에 누군가에 대한 분노가 일어났다고 생각해봅시다. 그런데 우리 마음속의 분노와 "죽일 놈"이라는 입의 시인이 일치할 때가 있습니다. 어떤 사람을 정말 미워하는 마음으로 악한 말을 내뱉었을 때, 마음의 믿음과 입술의 선포가 정확히 일치했기 때문에 그 사람은 죽일 사람이 되고 천하의 원수가 되는 것입니다. 이 세상의 많은 일들이 바로 이렇게 이루어지고 있습니다. 사탄은 우리 마음을 통치하려고 합니다. 그리고 우리 마음에 가득한 부정적인 것들을 입술로 선포하게 하여 그 일들이 이루어지게 하고 있습니다.

"아, 죽고 싶다."

"되는 일이 하나도 없어."

결국 이런 말이 자신을 죽이고 멸망시킵니다. 죽고 사는 것이 혀의 권세에 달려 있습니다.

죽고 사는 것이 혀의 권세에 달렸나니 혀를 쓰기 좋아하는 자는 혀의 열매를 먹으리라 잠 18:21

자기를 정죄하는 말, 죄책감을 갖게 하는 말, 부정적인 말은 스스로 저주하는 것이고 자신을 묶는 것입니다. 더욱이 이런 부정적인 말은 믿음이 강력합니다.

독사의 자식들아 너희는 악하니 어떻게 선한 말을 할 수 있느냐 이는 마음에 가득한 것을 입으로 말함이라 선한 사람은 그 쌓은 선에서 선한 것을 내고 악한 사람은 그 쌓은 악에서 악한 것을 내느니라
마 12:34,35

우리는 마음에 가득한 것을 입으로 말하게 되어 있습니다. 문제는 우리 마음에 가득한 것이 무엇이냐 하는 것입니다. 우리는 죄인으로 태어나 죄악 가운데 살았습니다. 우리는 타락하여 마귀의 권세 아래 살았기 때문에 부정적이고 악한 것들은 우리의 삶에서 수없이 경험해보았지만 하나님의 말씀대로 된 인간과 세상을 제대로 본적이 없습니다. 따라서 우리 마음에 믿음으로 가득 차 있고 마음의 실상이요 증거로 자리하고 있는 것은 부정적이고 악한 것들입니다.

속에서 곧 사람의 마음에서 나오는 것은 악한 생각 곧 음란과 도둑질과 살인과 간음과 탐욕과 악독과 속임과 음탕과 질투와 비방과 교만과 우매함이니 이 모든 악한 것이 다 속에서 나와서 사람을 더럽게 하

느니라 ^{막 7:21-23}

그렇기 때문에 악하고 부정적인 것이 이루어지는 데는 특별한 믿음이 필요하지 않습니다. 왜냐하면 그런 것들이 이미 내 마음에 굳은 믿음으로 자리 잡았기 때문입니다. 따라서 마음에 가득한 이것을 내 입술로 욕하고, 부정적으로 말하고, 저주하고, 자기 자신에게 거짓 맹세를 하게 되면 그 일들이 그대로 이루어지는 것은 당연한 것입니다. 이미 경험한 것이 내 입으로 나올 때는 100퍼센트 믿음으로 나오는 것입니다.

우리가 하나님의 뜻을 이루는 것도 마찬가지입니다. 이렇게 마음에 가득한 것이 입술로 선포될 때 그것이 능력이 되는 것입니다. 그렇다면 왜 아무리 주의 말씀을 선포해도 하나님의 말씀대로 이루어지지 않을까요? 그것은 그 마음에 진정한 믿음이 없기 때문입니다. 하나님나라의 선하고 진실하고 아름다운 것들에 대한 경험이 그만큼 우리 마음에 없고, 그 마음에 진정한 믿음이 없기 때문에 아무 일도 일어나지 않는 것입니다.

그러면 이제 우리는 마음에 어떤 새로운 것을 심어야 하겠습니까?

끝으로 형제들아 무엇에든지 참되며 무엇에든지 경건하며 무엇에든지 옳으며 무엇에든지 정결하며 무엇에든지 사랑받을 만하며 무엇에

든지 칭찬받을 만하며 무슨 덕이 있든지 무슨 기림이 있든지 이것들을 생각하라 ^{빌 4:8}

마음에 가득한 것이 입술로 선포될 때 그 말씀대로 이루어지는 이 메커니즘은 악한 사람이나 선한 사람에게 동일하게 역사합니다. 그래서 악한 사람들이 우리보다 훨씬 더 강할 때가 많습니다. 그들이 훨씬 더 큰 믿음을 가지고 있기 때문입니다. 그들 마음에 믿음으로 가득한 악한 그것을 툭툭 내뱉기만 해도 말 그대로 다 이루어지는 것입니다.

최근 우리가 진정으로 믿고 상상하는 것은 우리의 마음과 뇌에 실제로 경험한 것과 동일하게 기록된다는 연구 결과가 발표되었습니다. 그러니까 우리의 잠재의식과 뇌는 상상과 경험을 구별하지 않는다는 것입니다. 저는 이 연구 결과가 참으로 성경적이라고 생각합니다. 따라서 우리는 날마다 성령 안에서 말씀에 따라 상상하고 느끼는 삶을 살아야 합니다. 그것이 우리 마음에 새로운 경험으로 기록되도록 해야 합니다. 믿음으로 바라는 것들이 내 마음에 실상이 되고, 보이지 않는 것들이 내 마음에 증거가 될 때까지 기도해야 합니다. 약속의 말씀이 내 마음에 실상과 증거가 되었을 때 입술로 담대히 선포하시기 바랍니다.

주님, 제 삶 가운데 이미 악하고 부정적인 것들이 너무나 많이 심겨진 것을 보게 됩니다. 이런 경험들을 지워버릴 수도 없습니다. 주님, 그러나 이제부터는 주의 말씀을 성령 안에서 묵상하겠습니다. 그리고 그 말씀대로 이루어진 것을 바라보며 느끼겠습니다. 그것이 바로 이 땅 가운데 실체로 나타나는 주님의 마음이며 하나님나라의 삶의 핵심인 것을 깨닫게 하시니 감사합니다. 이제부터 마음에 가득한 것을 입으로 말할 때 죄악으로 가득 찬 경험에 의한 믿음이 아니라 진리의 말씀에 기초한 믿음으로 하겠습니다.

믿음은 바라는 것들의 실상이요 보이지 않는 것들의 증거니 히 11:1

보내심을 ✝ 받은 사람들

우리가 처음 어떻게 하나님을 찾고 예수님을 믿게 되었는지 생각해 보신 적이 있습니까? 사람마다 다를 수 있지만 대부분 세상을 따를 수 없고, 세상을 이길 수 없고, 자신의 삶을 자신이 통제할 수 없었기 때문이 아니었습니까? 우리가 처음 교회에 나와 하나님께서 주시는 은혜를 경험하고 성도 간의 교제를 나누게 되면 그 삶이 정말 좋기 때문에 그리고 힘든 세상으로부터 벗어나 안식할 수 있는 유일한 곳이 교회이기 때문에 계속 교회에 머무르기를 소망하게 됩니다.

'교회'의 헬라어는 '에클레시아'로 그 뜻은 "밖으로 불러내어 모이다"입니다. 세상 흑암의 권세 아래 살던 우리를 불러내어 하나님을 예배하고 그 백성들이 서로 사랑하고 삶을 함께 나누는 곳이 바로 교회입니다. 그러나 만일 우리가 세상을 멀리한 채 교회에만 머무른다면 그것은 하나님께서 진정으로 원하시는 것이 아닙니다. 그렇게 되면 교회는 피난처나 도피처가 되는 것입니다.

그러나 교회는 피난처가 아니라 안식처가 되어야 하고, 세상을 변화시키는 전초기지가 되어야 합니다. 다른 말로 세상을 변화시키기 위해서 교회가 필요한 것이지 교회 때문에 세상이 존재하는 것이 아니라는 것입니다. 우리를 교회로 모이게 한 것은 교회를 통해서 하나님과의 생명적 교제를 나누고, 하나님의 자녀의 삶을 배우고, 이 세상으로 나가 하나님의 유업을 잇게 하기 위해서입니다. 우리가 이 사실을 제대로 알지 못하면, 세상에 하나님의 영광을 전혀 드러내지 못하는 종교인으로 전락하고 맙니다.

예수님께서 교회를 피난처로 만드신 것이 아니라 세상을 변화시키는 전초기지로 만드셨다는 것은, 예수님께서 교회를 처음으로 언급하신 이 말씀에도 잘 드러나 있습니다.

또 내가 네게 이르노니 너는 베드로라 내가 이 반석 위에 내 교회를 세우리니 음부의 권세가 이기지 못하리라 내가 천국 열쇠를 네게 주리니 네가 땅에서 무엇이든지 매면 하늘에서도 매일 것이요 네가 땅에서 무엇이든지 풀면 하늘에서도 풀리리라 하시고 마 16:18,19

예수님은 교회를 세우시고 교회야말로 음부의 권세가 이기지 못하리라 하셨습니다. 그리고 천국 열쇠를 줄 테니 그 열쇠로 세상 마귀에게 묶여 있는 우리의 삶을 풀거나 반대로 우리를 통치하는 마귀의 권세를 묶으라고 하셨습니다. 교회를 세운 이유는 이 세상 어두움 가운데 문들을 열어 하나님의 참 빛을 비추기 위해서입니다. 그 일을 하도록 우리에게 천국 열쇠를 주신 것입니다.

하나님이 세상을 이처럼 사랑하사 독생자를 주셨으니 이는 그를 믿는 자마다 멸망하지 않고 영생을 얻게 하려 하심이라 하나님이 그 아들을 세상에 보내신 것은 세상을 심판하려 하심이 아니요 그로 말미암아 세상이 구원을 받게 하려 하심이라 요 3:16,17

하나님은 우리에게 영생을 주어 단지 구원만 얻게 하신 것이 아니라 하나님의 뜻을 나타내는 존재로 회복시키신 다음 우리로 하여금 세상을 구원하게 하셨습니다. 우리는 흔히 마르다의 삶이 아니라 마리아의 삶이 중요하다고 말합니다. 즉 일하는 것보다 주님의 발치에 앉아 주의 말씀을 듣는 것을 중요하게 여깁니다. 그렇습니다. 우리가 주님을 만나 주님과 교제하지 않으면서 단지 주님을 위해 자신의 노력으로 많은 일을 하는 것은 합당하지 않은 삶의 태도입니다.

그러면 우리가 주님과 교제하는 이유는 무엇입니까? 그것은 바로 하나님의 자녀의 기쁨을 누리며 동시에 그분이 지으신 목적대로 살기 위해서입니다. 하나님께서는 주의 뜻대로 이 땅을 다스리도록 우리를 지으셨습니다.

엿새 후에 예수께서 베드로와 야고보와 요한을 데리시고 따로 높은 산에 올라가셨더니 그들 앞에서 변형되사 그 옷이 광채가 나며 세상에서 빨래하는 자가 그렇게 희게 할 수 없을 만큼 매우 희어졌더라 이에 엘리야가 모세와 함께 그들에게 나타나 예수와 더불어 말하거늘 베드로가 예수께 고하되 랍비여 우리가 여기 있는 것이 좋사오니 우리가 초막 셋을 짓되 하나는 주를 위하여, 하나는 모세를 위하여, 하나는 엘리야를 위하여 하사이다 하니 이는 그들이 몹시 무서워하므로 그가 무슨 말을 할지 알지 못함이더라 마침 구름이 와서 그들을 덮으며 구름 속에서 소리가 나되 이는 내 사랑하는 아들이니 너희는 그의 말을 들으라 하는지라 문득 둘러보니 아무도 보이지 아니하고 오직 예수와 자기들뿐이었더라 막 9:2-8

베드로와 야고보와 요한은 예수님과 함께 높은 산에 올라가 참으로 놀라운 경험을 했습니다. 예수님께서 그들 앞에서 변형되어 예수님의 옷이 광채가 나고, 모세와 엘리야가 나타나서 예수님과 더불어 말씀을 나누는 것을 목격한 것입니다. 그들은 우리가 이 땅에서 경험할 수 없는 놀라운 기적을 경험했습니다.

그때 베드로가 예수님께 이렇게 고백합니다.

"주님, 여기가 좋사오니 우리가 초막 셋을 지어 주님과 모세와 엘리야를 모시겠습니다."

그러나 그들은 그 산에서 내려왔고 결국 세상으로 보내어졌습니다. 예수님은 교회를 통해 우리로 하여금 세상에 속하지 않게 하시고, 그들을 다시 세상에 보내어 세상을 구원하도록 하셨습니다.

내가 세상에 속하지 아니함 같이 그들도 세상에 속하지 아니하였사옵나이다 그들을 진리로 거룩하게 하옵소서 아버지의 말씀은 진리니이다 아버지께서 나를 세상에 보내신 것같이 나도 그들을 세상에 보내었고 요 17:16-18

이것이 바로 교회의 역할입니다. 비록 세상에 살지만 성령과 말씀으로 세상에 속하지 않는 삶을 배우는 곳이 교회입니다. 우리를 어두운 세상에서 불러내어 하나님의 기이한 빛이 있는 교회에 들어가게 하신 이유는 우리가 이 세상에서 하나님의 아름다운 덕(德)을 선포하게 하려는 것입니다. 우리는 교회와 세상을 하나님의 관점으로 보아야 합니다. 하나님이 각자에게 주신 은사와 소명을 일터에서 풀어놓아야 합니다. 바로 하나님의 통치를 이루는 것입니다. 믿지 않는 자들이 새로운 삶과 삶의 방식에 관심을 가질 때 우리는 주 예수 그리스도를 전해야 합니다. 이것이 사도들이 했던 복음전도였습니다.

하나님의 나라를 전파하며 주 예수 그리스도에 관한 모든 것을 담대하게 거침없이 가르치더라 행 28:31

우리가 예수 그리스도 안에서 하나님의 은혜를 맛보면, 세상과 달리 너무나 아름답고 선하고, 누구도 보지 못하고 듣지 못한 것들을 경험하고, 주님이 늘 우리와 함께하심을 느끼기 때문에 변화산의 베드로와 같은 마음을 갖게 되는 것이 당연합니다. 그래서 세상으로 나가기 싫어집니다. 좀 더 솔직하게 말하자면 세상으로 나가기가 두려운 것입니다. 다시 더러운 일들과 속이는 사람들과 악한 영들과 맞닥뜨려야 하기 때문입니다.

그런데 하나님은 그렇기 때문에 우리에게 은혜를 주신 것입니다. 그 은혜는 교회 안에서만 누릴 수 있는 것이 아니라, 우리가 두려워하는 세상에서도 누릴 수 있는 것입니다. 예수님은 우리와 함께하십니다. 우리가 있는 곳이 바로 예수님이 계신 곳이며, 우리가 가는 곳이 바로 예수님이 가시는 곳이며, 우리가 행하는 것이 바로 예수님이 행하시는 것입니다. 이것을 기억하시고 오늘도 당신의 삶터와 일터에서 주님을 드러내는 삶을 사시기 바랍니다.

주님, 저는 그동안 교회를 세상의 도피처로 생각해왔습니다. 저의 지혜와 능력의 한계로 세상에서 늘 패배자로 사는 것 같고, 너무나 지치고 힘들었기 때문에 교회에 가는 것이 유일한 희망이 되어버렸습니다. 교회에서 은혜를 받으면 받을수록 세상으로 나오기가 싫어졌습니다. 그러나 이제 교회와 세상을 새롭게 보게 하시니 감사드립니다. 예수 그리스도의 몸 된 교회와 저는 세상을 하나님나라로 변화시키기 위해 존재하는 것을 선포합니다. 그래서 제게 놀라운 은혜를 경험하게 하신 것을 감사드립니다. 이제 제가 있는 곳에, 제가 가는 곳에 주님이 항상 함께하심을 믿고 주님과 함께 주의 일을 행하게 하여주옵소서.

아버지께서 나를 세상에 보내신 것같이 나도 그들을 세상에 보내었고 요 17:18

2 PART

우리가 육신의 생각으로 문제를 바라보고 육신의 생각으로 기도하는 이상 하나님은 그 문제를 향한 하나님의 권능을 나타내실 수가 없습니다. 우리가 하나님의 뜻을 잘 모를 때 우리는 영으로 기도해야 합니다. 우리는 먼저 하나님의 생명 안으로 들어가 하나님의 뜻을 이루기 위해 기도해야 합니다.

기
도
묵
상

성령 안에서 기도하라

제단 위의 †
불을
꺼트리지 말라

우리는 이 세상에서 하나님의 아름다운 덕(德)을 선전하는 왕 같은 제사장입니다. 이 세상에서 왕의 직분을 온전히 감당하기 위해서 우리가 먼저 제사장이 되어야 한다는 것입니다. 그런데 우리는 흔히 제사장의 직분은 교회에서 목회자가 해야 할 일이라고 생각합니다. 그러나 그것은 우리 자신이 정말 누구인지를 모르기 때문입니다.

그러나 너희는 택하신 족속이요 왕 같은 제사장들이요 거룩한 나라요 그의 소유가 된 백성이니 이는 너희를 어두운 데서 불러내어 그의 기이한 빛에 들어가게 하신 이의 아름다운 덕을 선포하게 하려 하심이라 벧전 2:9

왕의 직분이란 우리의 삶을 통해 하나님의 영광을 드러내는 삶을 말합니다. 그것은 교회 내에서 뿐만 아니라 우리의 세상 일터에서 하나님의 지혜와 명철을 드러내는 일입니다. 하나님이 주신 능력으로 탁월함을 발휘하는 일이자 하나님의 성품, 즉 성령의 열매가 나타나는 일이기도 합니다. 그런데 매일 제사장의 직분을 감당하지 못하는 자가 왕의 직분을 감당할 수는 없습니다.

구약 시대 때 제사장들은 제단 위의 불을 꺼뜨리지 않도록 하는 일을 아침마다 행했습니다. 그러나 오늘날에는 우리가 제사장이며, 우리의 몸이 거룩한 하나님의 성전이며, 우리의 심령이 바로 하나님의 불이 있는 제단입니다.

너희 몸은 너희가 하나님께로부터 받은 바 너희 가운데 계신 성령의 전인 줄을 알지 못하느냐 너희는 너희 자신의 것이 아니라 값으로 산 것이 되었으니 그런즉 너희 몸으로 하나님께 영광을 돌리라 고전 6:19,20

우리는 더 이상 우리의 것이 아닙니다. 우리 몸은 우리의 것이 아니라 그리스도의 몸입니다. 그리스도의 몸이기 때문에 그리스도의 생명이신 성령이 우리 안에 계시는 것입니다. 따라서 우리는 매일 우리 몸으로 하나님께 영광을 돌려야 합니다. 어떻게 하면 그런 삶을 살 수 있을까요? 그것은 바로 제단의 불을 꺼뜨리지 않는 것입니다.

하나님의 자녀의 삶의 비밀은 바로 여기에 있습니다. 제사장의 직분으로 가장 중요한 일이 바로 제단 위의 불을 항상 피워 꺼지지 않게 하는 것입니다. 우리가 이 일을 온전히 행할 때 세상에서 왕의 역할을 제대로 행할 수 있습니다.

> 한 사람의 범죄로 말미암아 사망이 그 한 사람을 통하여 왕 노릇 하였은즉 더욱 은혜와 의의 선물을 넘치게 받는 자들은 한 분 예수 그리스도를 통하여 생명 안에서 왕 노릇 하리로다 롬 5:17

제사장은 아침마다 제단 위에 나무를 태워야 합니다. 우리는 매일 제단의 불에 자신의 일을 던져 넣어야 합니다. 염려하고 걱정하면서 기도하는 것이 아니라 "주님, 오늘 해야 할 일이 모두 저의 일이 아니라 주님의 일입니다. 그 일 가운데 그 시간에 저를 통하여 주님의 영광이 나타나게 하옵소서"라고 기도해야 합니다.

또한 번제물을 그 위에 벌여 놓아야 합니다. 번제물은 바로 자신입니다. 우리는 우리의 일뿐만 아니라 자기 자신을 드려야 합니다. 내가 주님을 위해서 일하는 하루가 아니라 내 안에 계신 그리스도께서 나타나시는 하루가 되어야 합니다. 그것을 위해 자기를 포기하는 번제물이 되어야 하는 것입니다.

그리고 그 번제물 위에 화목제의 기름을 부어야 합니다. 번제물

위에 화목제의 기름을 부으면, 불은 번제물을 태우며 활활 타게 될 것입니다. 화목제란 우리를 위해 죽으시고 부활하신 예수 그리스도를 상징합니다. 기름은 예수님께서 약속하신 보혜사 성령님이십니다. 우리가 우리 자신을 드리고 예수 그리스도의 죽으심과 부활하심에 동참할 때, 우리의 생각과 행동을 통해서 예수의 생명이 나타나게 되는 것, 그것이 바로 성령의 역사입니다.

> 우리 살아 있는 자가 항상 예수를 위하여 죽음에 넘겨짐은 예수의 생명이 또한 우리 죽을 육체에 나타나게 하려 함이라 고후 4:11

제단 위의 불을 꺼트리지 않기 위해서 우리는 기도를 멈추지 말아야 합니다.

> 모든 기도와 간구를 하되 항상 성령 안에서 기도하고 엡 6:18

매일 제단 위의 불을 꺼트리지 않을 때 우리가 하나님의 영의 인도함을 받는 일이 더 쉬워집니다. 비록 우리의 육신은 피곤하지만 하나님을 향한 갈망이 우리의 육신을 잠재워 그 영이 날마다 우리 몸의 행실을 죽이기가 쉽습니다. 그런데 불을 한 번 꺼트리면 어떻게 됩니까? 그러면 그 불을 다시 붙이는 데 엄청난 시간이 듭니다.

그래서 누군가 이런 말을 했습니다.

"기도를 하루 멈추면 50일 뒤로 간다."

하루만 기도를 빼먹어도 50일 동안 기도한 것이 모두 허사가 된다는 말입니다. 이틀을 빼먹으면 100일이고, 한 달 기도 안 하면 우리 인생이 전부 꽝이 되어버린다는 말입니다. 날마다 그분의 생명 안에 붙어 있지 않는다면 우리는 "죽었다", "죄짓는 존재다"라고 생각하는 것이 마땅하다는 말입니다. 우리는 그분 없이 아무것도 할 수 없는 존재인데, 그분 없이 살았다는 것은 그만큼 그 인생을 수많은 죄들로 채웠다는 말이 되기 때문입니다.

어떤 대가를 지불하더라도 제단 위의 불을 꺼트리지 않기를 축원합니다. 매일 새벽 당신의 육체가 성령의 불로 활활 타는 냄새야말로 하나님을 기쁘시게 하는 향기입니다.

주님, 제가 제사장의 직분을 소홀히 했음을 고백하고 회개
합니다. 날마다 제단의 불을 꺼뜨리지 않는 것이 제게 맡겨
진 직분인데, 불 피우다가 힘들다고 그만두는 삶을 살아왔
습니다. 이제 저에게 주어진 모든 일이 주를 나타내는 수단
임을 고백합니다. 그 일에 주님의 역사가 나타나도록 저를
번제물로 드립니다. 예수 그리스도와 연합함으로 성령의 불
이 제 육신을 태우고 심령에서 활활 타오르게 하옵소서. 단
하루라도 주어진 삶을 그냥 사는 것이 아니라 왕으로서 주
의 뜻을 이루어가게 하옵소서!

제단 위의 불은 항상 피워 꺼지지 않게 할지니 제사장은 아침마다 나
무를 그 위에서 태우고 번제물을 그 위에 벌여 놓고 화목제의 기름을
그 위에서 불사르며 레 6:12

영적 전쟁의 비밀, ✝
핵심은
마음이다

계속되는 일정으로 목에 무리가 갔나 봅니다. 며칠 동안 목이 아프고 따끔거렸습니다. 수업 시간에도 목소리가 잘 나오지 않았습니다. 저는 자연스럽게 '목이 퉁퉁 붓는 걸 보니 2주는 가겠군!' 이렇게 생각했습니다. 과거의 경험에 비추어보면 당연히 그렇습니다. 저는 하나님께 기도하고 "예수 그리스도의 이름으로 목이 깨끗케 될지어다"라고 선포기도를 했습니다. 그런데도 목이 낫지 않았습니다.

계속되는 일정을 생각할 때 너무 걱정스러워서 하나님께 왜 간절히 기도했는데도 치유되지 않는지 여쭤보았습니다. 그때 하나님께서는 제게 "네 마음이 내 마음에 일치되지 않기 때문이란다"라는 감동을 주셨습니다. 저는 속으로 '주님! 제가 주님을 얼마나 신뢰하는지 아시잖아요'라고 되뇌며 지금의 상황을 돌이켜보았습니다. 그러자 성령님께서 저의 마음을 비추어주시며 영적 전쟁의 비밀을 또 하나 깨닫게 해주셨습니다.

이것은 제가 깨달은 것이 아니라 성령님께서 깨우쳐주신 것입니다.

오직 너희의 심령이 새롭게 되어(Instead, let the Spirit renew your thoughts and attitudes, NLT) 엡 4:23

이 땅에서 일어나는 영적 전쟁의 양상은 삶 가운데 우리의 생각을 통하여 육신의 일로 나타납니다. 저의 상황을 한번 생각해보십시오. 목이 아프고 목소리도 잘 나오지 않을 때, 저는 이미 '아이고, 큰일 났다. 계속되는 집회는 어떡하지? 이 상태면 2주 정도 고생하는데…' 이렇게 마음으로 이 상황을 걱정하고 아직 오지 않은 일에 대해 염려했습니다.

그럴 때 많은 분들은 '이제 문제가 생기겠다. 하나님께 기도해야 한다'라고 생각합니다. 문제가 생길 때마다 스스로 문제를 해결하려 하지 않고 먼저 하나님께 기도하기 때문에 자신이 썩 괜찮은 신앙인이라고 생각하는 것입니다. 바로 여기에 마귀의 속임수가 있습니다. 성경에는 이것이 육신의 생각(롬 8:7)이고 육신대로 사는(롬 8:13) 것이라고 말합니다. 우리는 이 영적 전쟁의 비밀을 깨달아야 합니다.

우리는 하나님이 우리의 기도를 들으시고, 우리가 믿음으로 기도하면 주님이 이루어주신다는 사실을 믿고 있습니다. 그리고 주님이 주신 약속의 말씀을 붙들고 기도합니다. 그것도 간절히 말입니다.

그러므로 내가 너희에게 말하노니 무엇이든지 기도하고 구하는 것은 받은 줄로 믿으라 그리하면 너희에게 그대로 되리라 ^{막 11:24}

그러나 실제는 하나님의 응답을 받지 못할 경우가 많습니다. 그럴 때 열심히 간절히 기도했는데도 왜 아무 응답도 받지 못하는지 의문을 갖지만, 하나님께 여쭤보고 그분의 감동에 귀 기울이기보다는 자기 생각으로 합리화합니다. 예를 들면 하나님이 너무 바쁘시다든지, 한두 번 기도할 것이 아니라 골방에 들어가 간절히 기도해야겠다든지, 평상시 하나님과의 관계가 좋지 못하기 때문이라든지 등등 말입니다.

그러나 문제는 하나님이나 우리의 기도에 있는 것이 아니라 우리의 마음에 있습니다. 우리는 그 상황에 먼저 우리의 마음을 빼앗겨버렸습니다. 그런 다음 하나님께 기도한 것입니다. 영적 전쟁의 비밀은 먼저 우리의 마음이 하나님의 마음에 일치될 때 하나님의 능력이 풀어진다는 것입니다. 만일 우리가 염려, 근심, 걱정하면서 기도한다면, 그것은 나의 일에 하나님의 도움을 청하는 것입니다. 다른 말로 하면 내 일을 내가 해결하는 데 주님을 이용하는 것입니다.

우리의 마음이 먼저 하나님의 마음에 일치될 때, 즉 우리가 하나님의 자녀이므로 어떤 상황에서도 염려하지 않을 때, 하나님께서 우리의 마음을 통해 주의 일을 행하신다는 것입니다. 어떤 상황에서도 모든 지각에 뛰어난 하나님의 평강이 그리스도 예수 안에서 우리의 마음과 생각을 지킬 때, 바로 그 상태에서 기도할 때 하나님의 능력이 우리 마음의 믿음을 통해 풀어지는 것입니다.

하나님의 능력, 하나님의 생명이 우리 육신에 영향을 미치게 하기 위해 먼저 복종시켜야 하는 것이 무엇일까요? 바로 우리 마음의 생각입니다. 하나님의 생명이야말로 영적 전쟁을 승리로 이끄는 비밀 무기입니다. 그러나 마음이 육의 생각에 사로잡혀 있으면 하나님의 능력이 우리 안에서 풀어지지 않습니다. 이것이 바로 비밀입니다.

> 너희가 내 안에 거하고 내 말이 너희 안에 거하면 무엇이든지 원하는 대로 구하라 그리하면 이루리라 요 15:7

하나님의 말씀이 없이는 어떤 영적 전쟁에서도 승리하지 못합니다. 나의 경험, 지식, 다른 사람의 어떤 말이 아닌 내 가슴에 하나님의 말씀을 가득 채우는 것이 바로 승리의 핵심입니다. 이 땅에서 일어나는 영적 전쟁은 우리 육신에 나타나는데, 실제로 그것을 이기려면 우리 안에 영이요 생명이신 하나님의 말씀이 충만해야 합니다. 말씀이 있어야 믿음이 생기고, 믿음이 있을 때 우리는 하나님의 관점으로 자신과 세상을 새롭게 볼 수 있습니다.

> 그러므로 믿음은 들음에서 나며 들음은 그리스도의 말씀으로 말미암았느니라 롬 10:17

하나님의 생명이 내 육신에 역사하도록 하기 위해서 우리는 먼저 마음을 지켜야 합니다. 기도하기 전에 우리의 마음이 먼저 세상적인 관점에 사로잡히면 하나님의 생명이 있어도 하나님이 역사하실 수가 없습니다. "아이고, 큰일 났구나"가 아니라 "아, 마귀가 하나님 나라의 일을 방해하는구나!" 이렇게 여겨야 합니다. 영적 전쟁의 핵심은 우리가 하나님의 생명 안에 거하는 것이지만, 그것보다 더 중요한 것은 우리의 마음을 지키는 것입니다. 하나님 앞에서조차 견고한 것이 완고한 우리 마음입니다. 우리가 늘 성령님의 인도하심에 따라 주의 말씀을 묵상함으로써 우리의 모든 이론을 무너뜨리며 모든 생각을 사로잡아 그리스도에게 복종하게 해야 합니다.

오늘도 자신의 마음을 주의 말씀으로 지켜 영적 전쟁에서 승리하는 하루가 되시기 바랍니다.

주님, 감사합니다. 그동안 간절히 열심히 기도해도 기도의 응답을 받지 못한 이유를 깨닫게 하시니 감사합니다. 어떤 상황에서도 내 마음이 마귀가 준 세상적, 경험적, 감각적 생각에 묶이지 않겠습니다. 그 일을 위해서 늘 성령 안에서 주의 말씀으로 내 마음이 하나님의 마음에 일치되도록 하겠습니다. 매일매일 깨어서 자신을 바라보게 하시고 내 마음이 과거의 습관에서 벗어나 하나님나라의 사고방식으로 변화하도록 도와주시옵소서!

아무것도 염려하지 말고 다만 모든 일에 기도와 간구로, 너희 구할 것을 감사함으로 하나님께 아뢰라 그리하면 모든 지각에 뛰어난 하나님의 평강이 그리스도 예수 안에서 너희 마음과 생각을 지키시리라 빌 4:6,7

영의 †
기도를
하라

흔히 사람들은 자기의 잘못된 생각과 문제를 해결하고자 기도합니다. 그러나 하나님은 우리가 하나님의 뜻에 동참하기를 원하시지, 하나님의 뜻과 다른 우리의 생각과 문제만을 해결해주기 위해 존재하시는 그런 분이 아닙니다. 하나님은 당신의 뜻을 이루어가십니다. 우리가 하나님의 자녀로 하나님의 의가 될 때 하나님의 뜻을 이루는 존재가 되는 것입니다. 바로 우리가 하나님의 뜻 가운데 들어갈 때 그분은 우리를 통해 그분의 일을 행하십니다.

그런데 우리는 그분의 뜻이 무엇인지 알기 위해 그분의 생명 안으로 들어가기보다 오늘 내 삶의 문제, 내 고통을 해결해달라고 기도합니다. 그러나 우리가 육신의 생각으로 문제를 바라보고 육신의 생각으로 기도하는 이상 하나님은 그 문제를 향한 하나님의 권능을 나타내실 수가 없습니다. 우리가 하나님의 뜻을 잘 모를 때 우리는 영으로 기도해야 합니다. 우리가 영으로 기도할 때 내 마음은 열매를 맺지 못합니다. 또 우리가 그 문제에 대해 실제적으로 아무것도 하지 못했다고 생각할지도 모릅니다. 하지만 우리가 영으로 기도할 때 하나님께서는 그 문제에 관여하고 계십니다.

> 내가 만일 방언으로 기도하면 나의 영이 기도하거니와 나의 마음은 열매를 맺지 못하리라 그러면 어떻게 할까 내가 영으로 기도하고 또 마음으로 기도하며 내가 영으로 찬송하고 또 마음으로 찬송하리라
>
> 고전 14:14,15

우리는 먼저 하나님의 생명 안으로 들어가 하나님의 뜻을 이루기 위해 기도해야 합니다. 하지만 우리에게 어렵고 힘든 일이 닥칠 때 어떻게 기도해야 할지, 정말 하나님이 원하시는 기도가 어떤 것인지, 나를 통해 하나님께서 그분의 뜻을 이루시는 것이 무엇인지 잘 모를 때는 다만 "빨리 이 상황에서 벗어나게 해주세요", "이 문제를 해결해주세요" 이런 기도밖에 나오지 않습니다. 그러나 그렇게 기도하면서도 정말 이런 기도가 옳은 기도인지, 하나님이 들어주시는지 의문을 갖게 됩니다.

그럴 때 필요한 것이 영의 기도입니다. 우리는 연약해서 마땅히 기도할 바를 알지 못하지만 그럴 때 하나님은 우리를 기다리십니다. 우리를 바라보고 계십니다. 바로 우리의 마음을 감찰하시는 분이기 때문입니다. 하나님은 우리의 기도를 그냥 듣지 않으십니다. 중보자를 통해서 들으십니다. 중보자는 내 안에 계신 성령님이시며, 하나님 우편에, 그리고 내 안에 계신 예수 그리스도이십니다. 바로 그 성령님을 통해서 우리의 기도가 올라가는 것입니다. 하나님은 영이십니다. 우리가 우리 안에 계신 하나님의 생명에 의지하지 않고 단지 내 육신의 생각으로 "주여" 하고 외친다고 해서 하나님이 우리의 기도를 들으시는 것이 아니라는 말입니다.

우리가 연약해서 어떻게 기도해야 할지 모를 때 성령님께서는 우리를 위해 탄식하며 예수 그리스도를 통하여 하나님께 나아갑니다. 그럴 때 우리 마음을 감찰하시는 하나님께서는 성령의 생각을 아십니다. 성령님은 우리를 위하여 하나님의 뜻대로 간구하십니다. 그 말은 우리의 마음을 아시는 성령님께서 우리의 마음과 우리의 기도를 하나님의 뜻대로 변화시키신다는 것입니다.

그동안 우리가 했던 기도를 생각해보십시오. 어느 때는 기도에 확신이 들기도 하고, 어느 때는 더 이상 그 기도를 하지 않아도 될 것 같을 때도 있고, 어느 때는 처음 했던 기도를 바꿀 때도 있습니다. 이 모든 일을 하시는 분이 바로 성령님이십니다. 비록 내 육체의 마음으로는 아무것도 얻을 수 없지만, 성령님께서 하나님의 뜻에 맞추어 말씀하시는 영에 감동을 받아서 우리의 기도 패턴이 점점 변해가는 것입니다.

많은 경우 우리는 하나님께 자신의 문제를 해결해달라고 매달리며 헌금도 하고 새벽기도도 결단합니다. 그런 다음 이렇게 헌신했으니 자신의 기도를 들어달라고 요구합니다. 그러나 이것은 "내가 이만큼 했으니 이만큼 내놓으라"는 식으로 하나님과 거래하는 것입니다. 우리의 삶은 내 욕심을 채우고 내 문제를 해결하기 위해 있는 것이 아닙니다. 우리는 이 땅에 주의 뜻을 이루기 위해 존재하고 살아가는 것입니다. 그분의 생명으로 살아가는 존재입니다.

영의 기도 중에 하나가 방언으로 기도하는 것입니다. 방언으로 기도하는 것은 매우 중요합니다. 우리가 영의 기도를 할 때 나는 그 문제에 대해 아무 생각도, 아무 관여도 하지 못하고, 그것이 어떻게 되어 가는지도 모르고, 거기에 아무런 영향도 미치지 못하지만 우리는 그것을 믿음으로 받아들여야 합니다. 우리가 육신의 생각으로 그 문제에 대해 관심을 갖고, 그 문제를 반드시 자신이 해결해야 한다고 붙잡는 것이 아니라, 내 마음의 생각을 내려놓고 영의 기도를 하는 만큼 성령님께서는 하나님 앞에 우리의 문제를 가지고 나아가 기도하십니다. 그럴 때 하나님께서 그 문제에 개입하실 수 있습니다.

우리의 생각을 내려놓고 그 문제로부터 벗어나는 것은 쉽지 않습니다. 하지만 우리가 그 문제를 붙잡는 만큼 하나님의 역사가 줄어든다는 것을 기억하십시오. 그것이 바로 믿음입니다. 나 자신을 내려놓고 하나님을 의지하는 것입니다. 하나님은 우리를 사랑하시고, 우리의 일에 개입하기 원하시고, 우리 문제를 해결해주기 원하십니다. 그런데 우리 방식으로 해결하려고 하니까 안 되는 것뿐입니다. 성령님이 이 문제에 대해 어떻게 생각하시고 어떻게 역사하시는지 우리는 영의 기도를 통해 엿볼 수 있습니다. 영의 기도를 통해 하나님께서 우리 마음에 부어주시는 감동으로 하나님의 뜻을 조금씩 알 수 있게 됩니다. 그럴 때 우리가 '믿음의 비밀'을 쌓아가게 되는 것입니다.

함께 들으면 좋은 HTM 찬양
여호와의 깊은 곳으로 〈Heavenly Touch Worship 1집 작사/곡 박성호〉

주님, 오늘도 성령 안에 영의 기도를 하기 원합니다. 주님, 저는 문제에 대한 답을 알지 못하지만 주님은 알고 계십니다. 주님은 문제를 해결해주기 원하시고 이 문제의 해결뿐만 아니라 이 일을 통해서 저를 통해 주의 뜻이 더 이루어지기 원하시는 것을 믿습니다. 주님, 제가 성령 안에서 방언으로 기도합니다. 비록 제 마음에는 어떤 열매나 문제에 대한 어떤 답이나 시원함도 얻지 못하지만, 성령님께서 주님의 뜻을 저의 심령 가운데 감동하시는 대로 민감하게 반응하겠습니다. 성령님, 말할 수 없는 탄식으로 저를 위해 간구해주시니 감사합니다.

이와 같이 성령도 우리의 연약함을 도우시나니 우리는 마땅히 기도할 바를 알지 못하나 오직 성령이 말할 수 없는 탄식으로 우리를 위하여 친히 간구하시느니라 마음을 살피시는 이가 성령의 생각을 아시나니 이는 성령이 하나님의 뜻대로 성도를 위하여 간구하심이니라

롬 8:26,27

생수를 ✝
공급받는
기도

집회차 울진에 내려갔을 때 제가 머문 호텔에 온천이 나왔습니다. 그런데 그 온천은 펌프로 지하 온천수를 끌어올리는 것이 아니라 해발 천 미터에서 솟아 나오는 천연 온천으로 아주 유명하다고 했습니다.

집회를 마친 다음 날 아침, 산책을 하려고 산에 오르는데 온천수가 흐르도록 만든 파이프라인이 계곡을 따라 수 킬로미터나 이어져 있었습니다. 그 파이프가 온천지에서부터 계곡 입구까지 이어져서 호텔에 온천수가 공급되는 것을 직접 보게 된 것입니다.

수많은 사람들이 그 온천수로 목욕을 하고 즐기는데 그렇게 되려면 파이프가 온전해야 합니다. 그런데 길을 따라가면서 제가 본 파이프는 누군가 일부러 그랬거나 아니면 큰 돌이 부딪쳐 쭈그러지고 구멍이 난 곳도 있었습니다. 파이프가 이중으로 되어 있으니 망정이지 속 파이프에 구멍이 나거나 망가지면 큰일이 났을 것입니다.

사실 우리의 삶도 똑같습니다. 우리에게는 보이는 삶이 있는가 하면 보이지 않는 삶도 있습니다. 우리가 잘 지내려면 우리 눈에 보이지 않는 파이프가 어느 한 군데 뚫어지지 않고 튼튼해야만 합니다. 그래야만 거기서부터 생수가 계속 올라올 수 있습니다. 그러나 그렇지 않으면 우리의 의식이나 대인관계나 육체에 큰 문제가 생깁니다.

그 파이프의 근원지는 바로 하나님의 보좌입니다. 우리가 이 현실 세계에서 온전한 삶을 살기 위해서는 하나님나라로부터 우리에게 부어주시는 사랑의 생수가 우리의 심령에 임하고 그 생수가 항상 우리의 혼과 육에 흘러넘쳐야 합니다.

내가 주는 물을 마시는 자는 영원히 목마르지 아니하리니 내가 주는 물은 그 속에서 영생하도록 솟아나는 샘물이 되리라 요 4:14

여호와가 너를 항상 인도하여 메마른 곳에서도 네 영혼을 만족하게 하며 네 뼈를 견고하게 하리니 너는 물 댄 동산 같겠고 물이 끊어지지 아니하는 샘 같을 것이라 사 58:11

그 파이프가 항상 정상적인 역할을 하도록 하는 것이 바로 기도라고 생각합니다. 기도 중에서도 어떤 상황에서나 가장 안전하게 생수를 받을 수 있는 기도가 바로 영의 기도인 방언기도입니다. 방언기도를 하면 우리의 마음은 이해할 수 없습니다. 하지만 하나님과 우리의 관계를 영적으로 이어줍니다. 한편, 우리 마음의 생각과 감정과 입술을 통해 드리는 기도는 자신이 무슨 말을 하는지 이해할 수 있고 자신의 의사를 분명하게 전달할 수도 있지만, 자신의 사고방식, 다른 사람의 생각, 악한 영의 방해를 받아 제대로 전달되지 못하는 경우도 많습니다.

방언을 말하는 자는 사람에게 하지 아니하고 하나님께 하나니 이는 알아듣는 자가 없고 영으로 비밀을 말함이라 고전 14:2

방언을 말하는 자는 자기의 덕을 세우고 예언하는 자는 교회의 덕을 세우나니 고전 14:4

그런데 사람들은 흔히 자기 마음으로 이해가 되지 않고 느낄 수도 없는 일에 시간을 허비하기 싫어합니다. 방언의 은사를 받은 사람도 처음에는 열심히 방언으로 기도하지만 얼마 지나지 않아 그 기도의 유익함을 경험하지 못해서 잘 하지 않게 되는 경우가 많습니다. 그러나 사도 바울은 자신이 누구보다 더 많이 방언으로 기도한 다고 간증했습니다. 그 이유는 영으로도 기도하고, 그것을 마음으로도 풀어낼 수 있었기 때문입니다.

내가 너희 모든 사람보다 방언을 더 말하므로 하나님께 감사하노라
고전 14:18

그러므로 방언을 말하는 자는 통역하기를 기도할지니 내가 만일 방언으로 기도하면 나의 영이 기도하거니와 나의 마음은 열매를 맺지 못하리라 그러면 어떻게 할까 내가 영으로 기도하고 또 마음으로 기도하며 내가 영으로 찬송하고 또 마음으로 찬송하리라 고전 14:13-15

하나님의 영과 우리의 영이 교제하는 방언기도도 중요하지만 그만큼 중요한 것은 우리의 영에 부어주신 하나님의 마음이 우리 마음에 전달되는 것입니다. 매일 아침 우리가 방언으로 기도하고 그 기도가 자신의 마음에 전달되어 그 내용이 무엇인지 아는 사람과 모르는 사람은 하늘과 땅 차이의 삶을 살게 될 것입니다.

성령님께서 우리 마음에 감동을 주셔서 우리의 의식으로 이해하는 것이 참으로 중요합니다. 그렇게 할 수 있도록 부어주시는 은사가 바로 통역 혹은 통변의 은사입니다. 방언의 은사를 받으신 분은 통

변의 은사를 구하시기 바랍니다. 그래야 방언의 소중함을 알게 되고 자신에게도 덕이 됩니다. 그럴 때 우리는 그 과정을 통해 하나님께서 주시는 감동으로 예언도 할 수 있게 됩니다.

우리가 통변의 은사를 받기 위해서는 영으로 기도하고 또 마음으로 기도하는 훈련을 해야 합니다. 이 훈련은 자의적으로 하는 것이지만 그 과정은 성령 안에서 진행되어야 하며 성령님의 인도하심에 순종해야 합니다. 예를 들면, 우리가 성령님의 임재 안으로 들어가 내 배 속에서 생수의 강이 흐르는 것을 믿음의 눈으로 바라보며 내 입술을 주님께 맡김으로써 그분과 영으로 교제합니다. 그럴 때 하나님의 마음에 자신의 마음을 일치시키고자 하는 마음으로 지금 하는 방언의 내용에 자신의 마음을 맡깁니다.

예를 들어 "주님, 지금 제가 하는 이 방언이 무엇을 의미하는지 말씀해주세요"라고 하면서 그 방언을 따라가라는 것입니다. 그럴 때 가장 중요한 것은 자신의 의식으로 그 내용이 무엇인지 알려고 노력하지 않는 것입니다. 처음에 그 방언이 무엇을 의미하는지 모르는 것이 당연합니다. 그러나 내 의지적인 노력을 내려놓고 나의 마음을 주님께 드릴 때 마치 고요한 수면에 물방울이 떨어지는 것처럼, 혹은 깊은 물속에서 물거품이 올라오는 것처럼 우리 의식의 수면에 하나님의 마음이 부어집니다. 그것은 우리가 이성적으로 이해하는 것이 아니라 직관적으로 알게 되는 것입니다.

이런 과정을 실습하기 위해 영으로 기도하고 마음으로 기도하는 훈련을 해야 합니다. 영으로 기도할 때 하나님께서 부어주신 영적 메시지가 우리의 의식으로 이해되지 않더라도 내 마음의 수면에 동심원을 그리고 있다는 것을 믿고 나의 의식적인 판단 없이 입술로 고백해보십시오. 예를 들면 30초간 방언으로 기도하다가 또 30초간 그 방언에 기초하여 통변하는 기도를 해보는 것입니다. 통변하기 위해서는 마음으로 기도할 때 자기의 생각이 들어가지 않도록 해야 합니다. 무슨 말을 해야 할지 몰라도 그저 배 속에서 나오는 대로 말해보는 것입니다.

성령의 인도함을 받는 방언기도를 하면 오랜 시간 기도할 수 있고, 온몸으로 하나님의 사랑을 느낄 수도 있고, 온몸이 따뜻해지는 것을 느낄 수도 있습니다. 또 하나님께서 무언가 말씀하신다는 느낌을 받을 수도 있습니다. 그렇지만 실제 삶에 구체적으로 적용하기 위해서는 통변으로 하나님의 뜻이 내 마음에 부어지고 이해되어야 합니다. 방언기도를 하되 통변의 은사까지 구하며 훈련하시기를 바랍니다.

주님, 방언의 은사 주신 것을 감사드립니다. 방언기도를 통해 영적 부요함을 누릴 수 있다는 것을 알았지만 시간이 지나면서 그 방언기도에 실제적인 유익이 없다고 생각하고 언제부터인가 더 이상 방언기도를 하지 않게 되었습니다. 주님, 감각을 통해 혼에서 인식되는 것만이 전부라고 생각하는 저의 어리석은 삶을 파하여주옵소서. 이제부터 하나님과 영으로 교제하며 주님께서 제 혼에 부어주시는 영적 감동을 받기 원합니다. 다시 방언기도를 하면서 제 마음을 주님의 마음에 일치시키는 훈련을 하겠습니다. 그 훈련을 통해 방언을 통변하는 은사도 구하기 원합니다. 성령님, 제 마음을 사로잡아주시고, 주의 마음을 부어주시옵소서.

그러므로 방언을 말하는 자는 통역하기를 기도할지니 내가 만일 방언으로 기도하면 나의 영이 기도하거니와 나의 마음은 열매를 맺지 못하리라 그러면 어떻게 할까 내가 영으로 기도하고 또 마음으로 기도하며 내가 영으로 찬송하고 또 마음으로 찬송하리라 고전 14:13-15

응답하실 것과 ✝
응답하신 것의
차이

은혜의 삶이란 어떤 대가를 지불해야만 얻고 누릴 수 있는 것이 아니라 단지 하나님께서 우리를 위해 행하신 일을 듣고 믿을 때 이루어집니다. 그래서 그것이 좋은 소식, 즉 복음입니다. 복음은 은혜입니다. 은혜란 받을 만한 가치가 없는 자에게 값없이 베풀어주시는 것입니다. 따라서 예수 그리스도 안에 있는 사람은 자신이 기도하고 구할 때 그분이 들으시고 응답하셨다는 것을 반드시 믿어야 합니다.

제가 강조하고 싶은 것은 '응답하실' 것이 아니라 '응답하셨다'는 것입니다. 그것을 어떻게 알 수 있습니까? 예수님께서 십자가에 죽으심으로써 하나님의 뜻을 다 이루셨기 때문입니다. 그런데 사람들은 이것을 믿지 못합니다. 자기 노력과 헌신 정도에 따라 하나님께서 응답해주실 것은 믿어도 이미 응답해주셨다는 사실을 믿지 못하는 것입니다. 오늘도 '응답해주실' 것을 기대하고 새벽부터 열심히 기도하십니까? 이미 '응답해주셨음'을 받아들이시기 바랍니다.

그러면 예수님이 이미 우리 기도에 응답하셨다는 것을 받아들이지 못하는 이유가 무엇입니까? 첫째, 자기 생각을 포기하지 않기 때문입니다. 둘째, 교만하기 때문입니다. 셋째, 아무 대가도 지불하지 않고 특별한 헌신도 하지 않았는데 받는 것, 은혜를 은혜로 받아들이지 못하기 때문입니다. 넷째, 하나님의 영에 인도함을 받지 못하기 때문입니다.

한마디로 육신의 생각으로 살기 때문입니다. 그것은 예수님을 정말로 믿는 것이 아닙니다.

> 육신을 따르지 않고 그 영을 따라 행하는 우리에게 율법의 요구가 이루어지게 하려 하심이니라 육신을 따르는 자는 육신의 일을, 영을 따르는 자는 영의 일을 생각하나니 육신의 생각은 사망이요 영의 생각은 생명과 평안이니라 롬 8:4-6

기적은 언제 일어납니까? 바로 우리가 마음을 바꿀 때 일어납니다. 하나님이 능력이 없고 손이 짧아서 응답하시지 않는 것이 아니라 우리가 마음을 새롭게 하지 않기 때문입니다. 하나님은 이미 응답하셨는데 왜 내 삶에 나타나지 않습니까? 믿음이 없기 때문입니다. 하나님은 이미 하나님나라에서 응답해주셨습니다.

육적인 그리스도인은 머지않은 미래에 이 땅에서 뭔가 이루어주실 것을 믿고 기다리고 기대하며 기도합니다. 그러나 내 안에 계신 그리스도가 누구이신지 아는 킹덤 빌더는 진리의 말씀을 통해서 주의 뜻이 하늘나라에서 이미 이루어진 것을 알고 있습니다. 우리가 주의 뜻대로 기도하며 하늘에서 이미 이루어진 것을 믿을 때 그것이 이 땅에서 이루어지는 것입니다. 그렇습니다. 우리는 하나님께서 응답해주실 것을 믿는 것이 아니라 이미 하늘에서 이루어진 것을 이 땅에 나타내기 위해 믿음을 가져야 합니다.

> 그러므로 내가 너희에게 말하노니 무엇이든지 기도하고 구하는 것은 (현재, 이 땅에서) 받은 줄로(과거, 하늘에서) 믿으라(현재, 이 땅에서) 그리하면 너희에게 그대로 되리라(미래, 이 땅에서 - 저자 추가) 막 11:24

영의 생각을 하는 그리스도인의 관심은 기도하면서 하나님이 이루어주실까 안 이루어주실까에 있지 않습니다. 왜냐하면 이미 이루어주셨다는 것을 알기 때문입니다. 그들의 관심은 하나님의 뜻이 하늘에서 이루어진 것같이 땅에서도 이루어지는 데 있습니다.

우리 눈에 보이는 모든 피조 세계의 본질은 하나님의 말씀입니다. 다른 말로 하면 말씀이 실체로 변한 것이 곧 이 세상입니다. 우리는 예수님의 공생애 사역을 통해서 예수님이 말씀하시면 말씀하신 대로 그 말씀의 실체가 이 땅에 나타났다는 것을 알 수 있습니다. 예수님께서 "실로암에 가서 씻으라"고 말씀하시자 날 때부터 맹인인 자의 눈이 떠졌습니다. 예수님께서 "네 손을 내밀라"고 말씀하시자 한쪽 손 마른 자의 손이 다른 손과 같이 온전해졌습니다. 예수님께서 "네 자리를 들고 걸어가라"고 하시니 38년 된 병자가 곧 나아서 자리를 들고 걸어갔습니다.

예수님은 우리가 말씀대로 순종하기를 원하십니다. 단지 하나님을 보고 기도하는 것이 아니라 그것이 이미 이루어졌음을 믿고 믿은 대로 행하는 것이 필요합니다. 소아마비로 평생 혼자서 걸어보지 못했던 분이 목발을 던지고 걷는 역사, 한쪽 다리가 5센티미터나 짧은 분의 양다리 길이가 같아지고, 안쪽으로 휘었던 다리가 제자리로 돌아오는 치유의 역사가 일어났습니다. 모두 주께서 이미 치유하셨음을 믿고 믿은 대로 순종했기 때문입니다.

그 분들이 집회에 오기 전에 기도하지 않았을까요? 집회에 오기 전에 예수님을 믿지 않았던 분이었을까요? 아마 치유를 위해서 할 수 있는 모든 것을 해보았을 것입니다. 그렇다면 무엇이 문제였습니까? 그것은 바로 예수 그리스도의 대속으로 인하여 하나님의 나라가 임했기 때문에 이미 뜻이 하늘에서 이루어졌고, 그것이 이 땅에 나타나기 위해 믿음이 필요하다는 진리를 알지 못했기 때문입니다.

나라가 임하시오며 뜻이 하늘에서 이루어진 것같이 땅에서도 이루어 지이다 마 6:10

물론 기도했지만 치유가 일어나지 않은 사례도 있습니다. 허리 수술을 일곱 번이나 받은 어떤 분이 치유를 받은 후 간증을 하는데, 제가 그 분을 보니 손가락 두 개가 없었습니다. 수십 년 전에 방앗간에서 일하다가 손가락 두 개를 잃었다는 것입니다. 저는 그 분을 붙들고 다시 기도하기 시작했습니다. 많은 분들이 치유가 일어나지 않으면 어떡하나 걱정했지만 저에게는 그런 걱정이 없었습니다. 왜냐하면 그것은 하나님께서 이미 이루신 일이고, 저는 이미 하늘에서 이루어진 것을 이 땅에서 실체로 나타나게 하는 그 일에 쓰임받는 사람일 뿐이기 때문입니다.

제가 기도했지만 손가락이 새롭게 생기지는 않았습니다. 그렇지만 기도할 때 잘려나간 손가락 끄트머리가 꿈틀꿈틀하면서 뭔가 튀어나올 것만 같았고 그것을 제 주위에 있던 수십 명의 사람들이 보고 기절할 만큼 크게 놀랐습니다. 저는 손가락 끄트머리가 꿈틀거렸던 것을 이미 믿음으로 취했습니다. 하지만 그 사람만 붙들고 계속 기도할 수 없어, "주님, 완전한 손가락을 이미 이루어주셨다는 것을 확실히 믿을 때 나타나게 하실 것도 믿습니다. 아멘" 이렇게 기도하고 끝을 맺었습니다.

> 친히 나무에 달려 그 몸으로 우리 죄를 담당하셨으니 이는 우리로 죄에 대하여 죽고 의에 대하여 살게 하려 하심이라 그가 채찍에 맞음으로 너희는 나음을 얻었나니 벧전 2:24

> 믿음으로 모든 세계가 하나님의 말씀으로 지어진 줄을 우리가 아나니 보이는 것은 나타난 것으로 말미암아 된 것이 아니니라 히 11:3

저는 성공을 위해 기도하지 않습니다. 오직 주의 뜻을 나타내기 위해서 기도합니다. 저는 제 판단이나 이 세상의 지식으로 기도하지 않습니다. 오직 주의 뜻을 나타내기 위해서 기도합니다.

그렇습니다. 이미 하늘에서 이루어진 하나님의 뜻을 이 땅에 나타내는 특권을 왜 포기하겠습니까? 백 번 기도해서 설령 한 번도 역사가 일어나지 않더라도 저는 계속 믿음으로 기도할 것입니다. 왜냐하면 그것이 약속의 말씀이기 때문입니다. 이 믿음을 가지시기 바랍니다.

진리를 알지니 진리가 너희를 자유롭게 하리라 _{요 8:32}

주는 영이시니 주의 영이 계신 곳에는 자유가 있느니라 _{고후 3:17}

주님, 성령 안에서 진리의 말씀이 믿어지게 하옵소서. 주의 약속의 말씀을 저와 세상의 관점에서 보지 않게 하시고, 하나님나라의 관점에서 보게 하셔서, 이 땅에서 주의 뜻을 이루는 삶을 살게 하여주옵소서. 오늘부터 제 마음을 새롭게 하겠습니다. 이제는 주님이 약속하신 말씀을 붙들고 기도할 때 이미 응답하신 것을 믿겠습니다. 그 진리와 은혜 안에서 이미 응답으로 주신 약속의 말씀이 이 땅에 실체로 나타난다는 굳은 믿음으로 선포하겠습니다. 하나님 아버지, 날마다 예수 그리스도 안에서 주의 말씀의 실체를 이 땅에 나타내는 특권을 누리는 제 삶이 되게 하옵소서.

그러므로 내가 너희에게 말하노니 무엇이든지 기도하고 구하는 것은 받은 줄로 믿으라 그리하면 너희에게 그대로 되리라 ^{막 11:24}

하나님의 역사는 † 평강으로 알 수 있다

빌립보서 4장 6절과 7절은 마치 서로 맞지 않는 구절을 붙여놓은 것 같다는 느낌이 듭니다. 그도 그럴 것이 6절 말씀은 정말 감사하고 기분이 좋게 합니다. 하나님께서 이미 다 아시고 다 이루실 테니까 아무것도 염려하지 말고, 우리가 구할 것이 무엇이든지 감사함으로 기도하라는 것입니다. 그렇다면 이에 대한 답으로 7절에서 "그리하면 모든 지각에 뛰어나신 하나님께서 우리가 기도하고 간구한 모든 일을 반드시 이루시리라" 이런 말씀이 나올 법합니다. 그러나 기도 응답을 기대한 우리의 소망과는 달리 "하나님의 평강이 우리의 마음과 생각을 지키신다"라고 말씀합니다. 그것도 '예수 그리스도 안에서'만 그렇습니다.

한번은 제 아들의 태도와 행동이 못마땅한 적이 있었습니다. 그래도 내색하지 않고 제 나름대로 참았습니다. 그러나 마음속으로는 '이 문제는 그냥 지나갈 문제가 아니야. 그렇게 되면 매번 똑같은 일이 벌어질 거야'라는 생각이 떠나지 않았습니다. 저는 하나님께 이 문제를 어떻게 처리해야 할지 구했습니다. 그런데 그때 하나님께서 이 말씀이 떠오르게 하셨습니다. 그래서 제가 "주님! 제가 원하는 것은 답이지 제 마음과 생각을 지켜달라는 것이 아닙니다"라고 말씀드렸습니다. 그리고 어떻게 하면 아들의 잘못을 고칠 수 있는가 하는 문제에만 집중하게 되었습니다.

그런데 하나님께 지혜를 달라고 계속 기도했지만 지혜는커녕 제 마음에 평강이 없어지고, 그런 태도와 행동으로 잘못될 아들의 모습이 계속 상상이 되고, 급기야 마음에서 분노가 치밀어 오르기 시작했습니다. 당장 어떤 조치를 취하지 않으면 나쁜 일이 일어날 것만 같았습니다. 하지만 이런 상태로 아들과 대화하면 그 결과는 불을 보듯 뻔하기 때문에 어떻게 해야 할지 당혹스럽기만 했습니다.

평강은 사라진 지 오래고 제 마음은 어느새 마귀가 주는 상상으로 요동치며 잠을 잘 때도 그 생각이 저를 떠나지 않았습니다. 할 수 없이 다시 주님 앞에 무릎을 꿇고 기도할 때 제 마음에 부어주시는 말씀은 이미 주셨던 빌립보서 4장 6,7절의 말씀이었습니다. 저는 이 말씀이 지금의 제 상황과 관계없다고 생각했지만 그래도 다시 깊이 묵상하게 되었습니다.

> 아무것도 염려하지 말고 다만 모든 일에 기도와 간구로, 너희 구할
> 것을 감사함으로 하나님께 아뢰라 그리하면 모든 지각에 뛰어난 하
> 나님의 평강이 그리스도 예수 안에서 너희 마음과 생각을 지키시리라
> 빌 4:6,7

이 구절을 묵상하면서 저는 제 마음속에서 일어난 일 중에 무엇
이 잘못되었는지를 하나하나 발견하게 되었습니다. 첫째, 저는 이미
염려하며 기도했습니다. 둘째, 저는 하나님께서 이미 이루신 온전한
아들을 그려보고 기도하기보다 제 아들의 문제점을 해결해달라고
하나님께 기도했습니다. 셋째, 저는 하나님의 평강이 그리스도 예수
안에서 저의 마음과 생각을 지키시도록 하기보다 문제의 해결에 더
큰 관심이 있었습니다.

그렇지만 여전히 의문이 남았습니다. 그러면 하나님께서는 저의
마음과 생각에만 관심이 있고, 이 문제의 해결에는 관심이 없으시다
는 말입니까? 궁극적으로 우리가 기도하면 하나님께서는 우리의 마
음만 지켜주십니까? 하나님께서는 우리의 문제를 해결해주시기 위
해 존재하시는 분이 아니라 그분의 뜻을 이루시는 분입니다. 따라서
우리가 그분의 뜻대로 구하면 그분이 들으시고 우리가 구한 그것을

받은 줄로 믿어야 합니다.

그를 향하여 우리가 가진 바 담대함이 이것이니 그의 뜻대로 무엇을 구하면 들으심이라 우리가 무엇이든지 구하는 바를 들으시는 줄을 안즉 우리가 그에게 구한 그것을 얻은 줄을 또한 아느니라 요일 5:14,15

그동안 저는 하나님께 기도하고 간구하면 하나님께서 평강을 주시고 그 결과로 우리의 마음과 생각을 지키신다고 생각했습니다. 그러나 이 말씀은 그런 뜻이 아니라, 문제에 매여 염려하지 않고, 문제 해결을 위해서 기도하지 않고, 이미 문제가 해결된 것에 감사하며 하나님께 기도할 때, 우리와 함께하시고 우리의 모든 것을 아시는 하나님께서 이미 이루신 것을 알기 때문에 우리에게 평강이 임하고, 그 결과 우리의 마음과 생각이 더 이상 마귀의 속임수나 계략에 넘어가지 않게 된다는 것임을 깨달았습니다.

저는 먼저 염려함으로 제 마음을 빼앗긴 채 기도했던 것을 회개하였습니다. 그리고 하나님께서 개입하셔서 변화된 제 아들을 상상하며 이미 이루신 하나님께 감사하기 시작했습니다. 그리고 제 입술로 그 일을 행하신 하나님께 찬미의 제사를 드렸습니다.

사람이 마음으로 믿어 의에 이르고 입으로 시인하여 구원에 이르느니

라 ^{롬 10:10}

그러자 놀랍게도 하나님의 평강이 임했습니다. 예전처럼 제가 기도한 것을 하나님께서 정말 이루어주실까 의심하던 마음은 사라지고, 예수 그리스도 안에서 하나님께서 이미 이루셨다는 믿음이 내 마음에 자리 잡게 되었습니다. 보이는 대로 내 생각대로 나를 사로잡았던 분노가 사라지기 시작했습니다.

저의 태도가 달라져서인지 하나님의 직접적인 개입하심 때문인지 알 수 없지만, 며칠 후 아들이 찾아와 자신의 문제를 고백하고 용서를 구했습니다. 저는 이 일을 통해 정하신 법대로 응답하시는 하나님의 성품을 경험했습니다.

주님, 제 영혼의 상태를 생각할 때 너무나 부끄럽습니다. 제 마음이 상황과 처지에, 다른 사람들과의 관계에, 물질에, 과거의 상처에 수없이 묶여 있기 때문입니다. 그러나 주님은 그것이 마귀가 주는 생각이라고 말씀하셨고, 제 마음이 거기에 묶여 있다면 하나님께서는 저를 통해 하나님의 뜻을 이루지 못하신다고 말씀하셨습니다. 지금 이 시간 제 마음을 다시 한번 새롭게 합니다. 제 삶의 문제에 붙들려서 염려하지 않고, 하나님께서 약속하신 말씀이 이미 이루어진 것을 믿고, 그 말씀이 제 마음을 통해 풀어지도록 하겠습니다. 성령님을 통해 부어주신 하나님의 평강만이 제 마음의 기준이 되게 하소서!

아무것도 염려하지 말고 다만 모든 일에 기도와 간구로, 너희 구할 것을 감사함으로 하나님께 아뢰라 그리하면 모든 지각에 뛰어난 하나님의 평강이 그리스도 예수 안에서 너희 마음과 생각을 지키시리라

빌 4:6,7

수고하고 † 무거운 짐을 맡기는 기도

우리에게 믿음이 있는지 없는지 우리 자신을 시험해보고 확증할 수 있는 첩경은 자신의 짐을 하나님께 맡길 수 있는지, 맡기지 못하는지 보는 것입니다. 그런데 우리는 자신의 짐을 잘 맡기지 못합니다. 자신이 매일 어떻게 기도하는지 생각해보십시오. 자신의 문제가 이러저러하니 주님이 이렇게 저렇게 해결해주셔야 한다고 열심히 기도합니다. 그런데 많은 분들이 기도를 마치고 나갈 때 그 짐을 도로 지고 가는 것을 볼 수 있습니다. 여전히 염려하고 걱정하는 얼굴인 것을 보면 쉽게 알 수 있습니다.

우리는 평생 자기 일은 자신이 책임져야 한다는 말을 들어왔습니다. 그렇게 살지 않으면 무책임한 인간이자 세상에서 대접받지 못한다고 듣고 배워왔습니다. 그 말은 사실입니다. 하지만 그것은 과거 자신이 자기 삶의 주인이었기 때문에 그렇습니다. 그러나 지금 우리가 "나는 죽고 내 안에 예수 그리스도께서 사신다면" 더 이상 우리 삶의 모든 문제가 우리의 문제가 되어서는 안 됩니다. 그리고 우리가 책임져서도 안 됩니다. 만일 그렇다면 그것은 불법을 행하는 것입니다. 그 결과 마귀는 그 불법 안에서 당신을 도둑질하게 될 것입니다.

당신의 짐이나 문제를 주님께 드리는 것이 죄송한 마음이 듭니까? 그것은 당신이 겸손한 것이 아니라 당신이 아직도 하나님의 자녀가 무엇인지 모른다는 증거일 뿐입니다.

네 짐을 여호와께 맡기라 그가 너를 붙드시고 의인의 요동함을 영원히 허락하지 아니하시리로다 시 55:22

하나님께서 의인의 요동함을 영원히 허락하지 않으신다고 하셨는데, 이때의 '의인'이 바로 오늘날 예수 그리스도 안에서 새로운 피조물이 된 사람입니다. 아버지께서는 자녀들이 진 짐으로 인해 마음이 염려, 걱정, 근심, 두려움으로 요동치는 것을 허락하시지 않습니다.

수고하고 무거운 짐 진 자들아 다 내게로 오라 내가 너희를 쉬게 하리라 나는 마음이 온유하고 겸손하니 나의 멍에를 메고 내게 배우라 그리하면 너희 마음이 쉼을 얻으리니 이는 내 멍에는 쉽고 내 짐은 가벼움이라 하시니라 마 11:28-30

당신에게 예수님은 어떤 분입니까? 예수님이 우리를 돌보신다는 것을 정말 믿으십니까? 수고하고 무거운 우리의 짐을 그분에게 맡기십니까? 우리가 그 짐을 떠안은 채 "주님, 어떻게든 좀 도와주세요" 이렇게 기도한다면 주님은 우리를 도와주실 수 없습니다. 왜냐하면 여전히 우리가 그 문제를 붙들고 있기 때문입니다.

예수님이 우리에게 원하시는 것은 우리의 짐을 우리가 지는 것이 아니라 우리의 짐을 그분께 맡기고 그분의 멍에를 함께 메는 것입니다. 그것은 자신의 문제를 스스로 해결하려고 하는 것이 아니라 자신의 문제를 예수님께 드리고 예수님과 함께 그분의 멍에를 메고 그분의 마음으로 그 짐을 바라보는 것입니다. 이것이 바로 마음을 새롭게 함으로 변화를 받아 하나님의 선하시고 기뻐하시고 온전하신 뜻이 무엇인지 분별하는 것입니다.

수고하고 무거운 짐을 자신이 지지 않고, 그것으로부터 자유함을 얻는 삶보다 더 놀라운 삶이 어디 있겠습니까? 그런데 사람들은 이것을 믿지 못합니다. 심지어 믿는 사람들조차 이 삶을 알지 못하고 있습니다. 예수 그리스도께서 왜 내 안에 오셨습니까? 나의 삶을 살기 위해서입니다. 다른 말로 나의 모든 죄와 짐을 짊어지시기 위해서 오신 것입니다.

이는 선지자 이사야를 통하여 하신 말씀에 우리의 연약한 것을 친히 담당하시고 병을 짊어지셨도다 함을 이루려 하심이더라 ^{마 8:17}

우리는 다 양 같아서 그릇 행하여 각기 제 길로 갔거늘 여호와께서는 우리 모두의 죄악을 그에게 담당시키셨도다 ^{사 53:6}

한쪽 눈이 실명된 자매가 있었습니다. 집회 때 매주 같은 자리에 앉아서 열심히 말씀을 듣고 믿음으로 반응하는 것을 보게 되었습니다. 그런데도 그 자매에게 치유가 일어나지 않는 것 같았습니다. 한 번은 집회를 마치고 나가다가 그 자매와 마주쳤는데 그 자매가 대뜸 저에게 "저는 하나님께서 저를 치유해주실 것을 정말로 믿고 집회에 참석하는데, 왜 치유가 안 되는지 모르겠어요"라고 말했습니다. 갑작스러운 질문에 저도 어떻게 답해야 할지 모를 때 갑자기 저도 모르게 이런 말이 흘러나왔습니다.

"당신의 문제를 예수님께 정말로 드린 적이 없잖아요. 그냥 하나님께서 치유해주시기만 기다렸을 뿐이잖아요."

이미 내뱉은 말이지만 너무 심한 말 같아서 순간적으로 걱정이 되었습니다. 그런데 놀랍게도 그 자매가 눈물을 흘리기 시작했습니다. 그리고 "맞아요"라고 한마디를 하고 그 자리를 떠나갔습니다. 저는 안도의 한숨을 쉬는 한편 성령님께서 그 자매에게 무슨 일을 행하셨다는 생각을 하게 되었습니다.

다음 날 그 자매로부터 연락이 왔습니다.

"제 눈이 보이기 시작했습니다. 더 이상 무거운 짐을 지지 않을래요. 예수님께 다 드릴래요. 장로님의 말이 제 인생을 바꾸었습니다. 감사합니다."

할렐루야! 우리가 우리의 짐을 그대로 진 채 예수님만 개입시켜서 우리의 문제만 해결받기 원하는 것은 자신이 하나님처럼 살면서 하나님을 램프의 요정 지니처럼 부리는 것에 불과합니다. 우리에게 정말 믿음이 있다면 우리의 짐을 예수님께 맡기고 그분의 멍에를 함께 져야 합니다.

당신 안에 예수 그리스도가 계십니까? 그분께 당신의 짐을 맡기십시오. 그 짐을 일단 그분께 한번 맡겨보십시오. 그리고 그분이 해결하실 것을 믿으시기 바랍니다. 주 안에서 진정한 자유함을 누리십시오. 우리가 우리의 짐을 내려놓는 만큼 그것은 주님이 그 일을 하실 수 있는 기회를 드리는 것입니다. 그것이 하나님나라 삶의 방식입니다. 우리가 매번 믿음의 비밀을 경험할수록 더 많은 것들을 주님께 맡길 수 있습니다. 그럴 때 이 세상에 대해 자유함을 얻게 되고 더 나아가 예수 그리스도 안에서 내가 이 세상을 통치하는 사람이 됩니다. 왜냐하면 세상을 이기신 분이 내 안에 계시기 때문입니다.

저 역시 예수 그리스도께서 제 안에 계시기 때문에 그분께 많은 짐을 맡기는 삶을 살아왔습니다. 짐에는 나쁘고 어려운 것도 있지만 좋은 것도 있습니다. 나쁘고 어려운 것을 맡기는 것은 비교적 쉽습니다. 하지만 좋은 것을 맡기기란 그리 쉬운 일이 아닙니다. 그러나 어느 것에나 묶여서는 안 됩니다. 돌아보니 저는 하나님이 맡기신 이 사역을 위해 세상에서 좋고 귀하다는 것들을 주님께 많이 맡겼습니다. 그분의 멍에를 메기 위해 많은 것들을 포기했습니다. 그러나 그럴 때마다 하나님께서 저에게 새로운 길을 열어주시고 더 놀라운 것들로 채워주셨습니다.

최고의 삶은 모든 짐을 예수님께 맡겨드리고, 예수님이 허락하신 멍에를 메고, 주님이 말씀하실 때 주님이 원하시는 그 일을 행하는 것입니다.

함께 들으면 좋은 HTM 찬양
나는 자유합니다 〈Heavenly Touch Worship 1집 작사/곡 박성호〉

주님, 주님은 제가 저의 문제를 잘 해결할 수 있도록 능력을 주시기 위해 이 땅에 오신 것이 아니라, 저의 문제를 친히 받으시기 위해 오신 것을 알게 되었습니다. 저의 죄 때문에 십자가를 지신 것처럼, 삶의 모든 짐까지 대신 져주신 것을 진심으로 감사드립니다. 이제는 날마다 수고할수록 무거워지는 짐들을 모두 주님께 맡기고 주님과 함께 주님의 멍에를 메고 주님의 마음으로 살아가겠습니다. 주님, 저는 제 생각으로부터 자유합니다. 세상으로부터 자유합니다. 과거로부터 자유합니다. 이제 제 어깨를 짓누르던 평생의 짐들이 다 떠나갔음을 선포합니다.

수고하고 무거운 짐 진 자들아 다 내게로 오라 내가 너희를 쉬게 하리라 나는 마음이 온유하고 겸손하니 나의 멍에를 메고 내게 배우라 그리하면 너희 마음이 쉼을 얻으리니 이는 내 멍에는 쉽고 내 짐은 가벼움이라 하시니라 마 11:28-30

3 PART

자신을 산 제물로 드린다는 것은 바로 과거 자신의 부족함과 연약함을 철저히 깨닫는 것입니다. 하나님 앞에 서서 그분의 영광에 자신을 비추어봤을 때 그분의 완전성, 온전함, 거룩함 앞에 과거 자신이 얼마나 더럽고 추악한 존재인지 깨닫는 것이 우리가 드릴 영적 예배의 첫 단계입니다.

자기 죽음

나는 날마다 죽노라

그럼 † 나는 어떤 사람인가?

킹덤빌더스쿨을 진행하던 중 저희 실수로 스쿨에 참석하신 40여 분이 점심식사를 제때 하지 못하는 일이 있었습니다. 당연히 저희 잘못이었기 때문에 죄송스러워 사과를 드렸고 마지막 강의까지 아름답게 잘 마무리가 되었습니다. 그런데 그때 왜 제대로 식사 준비를 하지 못했는지 스태프에게 따지는 분들이 있었다고 합니다.

　나중에 그 이야기를 듣는데 제 마음 한편에 배신감이 느껴졌습니다. 왜냐하면 하루 종일 '하나님의 구원과 은혜'에 대해 그렇게 많은 말씀을 나눴는데도 불구하고, 많은 분들이 여전히 구원은 구원이고, 은혜는 은혜고, 밥은 밥이라고 느꼈다고 생각되었기 때문입니다. 은혜는 단지 구원에만 적용되는 것이 아니라 우리 삶에 전부 적용되어야 하는데, 하루 종일 은혜에 관한 말씀을 들어도 밥 먹는 것과는 별개이고, 자기 뜻대로 자기 방식대로 이루어지는 것이 은혜라고 생각하는 것입니다. 그러다보니 제가 하루 종일 뭘 했나 싶은 마음에 허탈하기도 하고 섭섭하기도 했습니다.

그리고 다음 날 "주님, 사람들이 이러이러했다고 하네요"라고 주님 앞에 씁쓸한 마음을 토하며 기도할 때, 주님께서는 조용하게 그러나 분명히 "그래? 그러면 너는 어떠니?"라고 저에게 물으셨습니다. 은혜받았다고 하면서 그 은혜가 내 삶의 모든 부분에 적용이 되는지 조용히 제 자신을 돌아볼 때 다른 누가 아니라 그렇지 못한 사람이 바로 저라는 것을 깨달았습니다.

"주님, 그게 바로 저네요. 너무 죄송합니다. 제 삶을 다시 돌아보겠습니다."

얼굴이 뜨겁고 정말 쥐구멍이라도 찾고 싶었습니다. 말로는 가르치는 자로서 은혜가 어떻다고 하면서 과연 은혜가 제 삶의 모든 영역에 영향을 미치는지 돌아볼 때 그렇지 못했습니다. 그런 저 때문에 그동안 얼마나 많은 사람들이 시험에 들었을까 생각하니 너무 창피했습니다.

그러므로 모든 악독과 모든 기만과 외식과 시기와 모든 비방하는 말을 버리고 갓난아기들같이 순전하고 신령한 젖을 사모하라 이는 그로 말미암아 너희로 구원에 이르도록 자라게 하려 함이라 너희가 주의 인자하심을 맛보았으면 그리하라 벧전 2:1–3

이 말씀은 우리가 받은 구원을 이루어가는 비밀에 대해 말하고 있습니다. 갓난아기가 당장 우유를 먹지 않으면 죽을 것처럼 울듯이 그렇게 간절히 신령한 젖을 사모하라고 합니다. 그러나 그전에 먼저 악한 말과 행동을 버리고, 선한 척하지 말고, 시기하고 비방하고 뒤통수치는 말을 버리라고 합니다. 그러나 안타깝게도 우리는 갓난아기와 같은 간절함은 있으나 부모에게 자신의 전부를 의탁하는 마음이나 '순전하고 신령한 젖'을 사모하는 마음은 없는 것 같습니다.

우리는 자신에게 필요한 것이 채워지는 것이 은혜요, 자신이 옳은 것을 드러내는 것이 선이라고 착각합니다. 실제는 하나님의 뜻이 이 땅에 이루어지는 것이 은혜이고 하나님의 공의가 드러나는 것이 선인데 말입니다. 우리는 은혜를 받은 만큼 옳고 그름을 따지고 싶어 합니다. 다른 말로 자신이 선한 자리에 앉고 싶어 하거나 선한 자리에 있다고 생각하는 것이지요. 우리가 진정으로 은혜를 받았다면, 순전하고 신령한 젖을 먹었다면, 그 은혜 때문에 하나님의 사랑으로 허다한 죄를 덮을 수 있어야 합니다. 만일 은혜를 받으면 받을수록 더 옳고 그름을 따지고 싶고 잘못된 것을 지적하고 싶다면 그것은 악한 것입니다. 결국, 그 은혜는 값싼 가짜 은혜입니다. 하나님의 의가 아닌 자기 의에 의한 은혜인 것입니다. 진정한 은혜는 오직 주의 인자하심에 의한 것이어야 합니다.

하나님의 은혜가 충만한 신앙인 같아 보였는데, 자기한테 뭔가 피해가 돌아가고, 자기에게 불리하고, 오해받을 때 참지 못하고, 자기는 그런 사람이 아니라고 꼭 밝혀야 되고, 자신이 옳고 다른 사람이 잘못되었음을 지적하고 들춰낸다면 과연 그가 선한 사람일까요? 그것은 악한 것입니다. 선한 것은 하나님의 공의가 드러나는 것이고, 그것은 바로 하나님의 사랑입니다.

모든 악독과 모든 기만과 외식과 시기와 모든 비방하는 말을 버리는 것은 우리 의로 할 수 없습니다. 자기의로 채워지면 더 따지고 싶고 자기가 옳은 것을 더 증명하고 싶은 데서 헤어날 수 없습니다.

내가 증언하노니 그들이 하나님께 열심이 있으나 올바른 지식을 따른 것이 아니니라 하나님의 의를 모르고 자기 의를 세우려고 힘써 하나님의 의에 복종하지 아니하였느니라 롬 10:2,3

하지만 순전하고 신령한 젖으로 채워질 때 비로소 주의 인자하심을 맛보게 되고, 그런 삶에서 벗어날 수 있습니다. 그것이 '하나님의 사랑'입니다. 하나님의 사랑만이 우리의 삶을 바꾸고, 우리의 삶에 기적을 일으킵니다.

우리가 주의 인자하심을 맛보았다면 이제는 정말 선한 일이 무엇인지 깨달아야 합니다. 내 주위를 돌아보고 내 삶을 돌아보아야 합니다. 내가 잘났다고 남을 비방하고 분을 내고 배신당한 것처럼 느끼는 것이 아니라 모든 화살을 자신에게 돌리십시오. 남을 이야기하고 판단하기 전에 "너는 어떠니?"라고 물으시는 하나님의 말씀에 귀를 기울이십시오. 세상을 향한 입을 닫고 주님이 주시는 순전하고 신령한 젖을 먹는 하루가 되시기 바랍니다.

주님, 죄송합니다. 하나님의 구원의 은혜를 맛보았음에도
불구하고 여전히 내 의로 내가 선하다 여기고 하나님의 자
리에서 다른 사람을 정죄 판단하고 악한 말을 하고 싶어 하
는 저의 마음을 바라봅니다. 아직도 나는 옳고 다른 사람
이 잘못되었다는 관점에서 보는 이 육신의 생각을 주님 앞에
다시 드립니다. 주님, 오늘도 저는 주님의 순전하고 신령한
젖이 절대적으로 필요합니다. 그 사랑만이 내면의 모든 불
만과 부족함과 비난을 잠재울 수 있습니다. 주님이 말씀하
신 것처럼 내 마음에 외식과 비방과 분노가 일어날 때마다
"그래? 그러면 너는 어떠니?"라고 물으시는 주의 음성을 듣
게 하옵소서!

그러므로 모든 악독과 모든 기만과 외식과 시기와 모든 비방하는 말
을 버리고 갓난아기들같이 순전하고 신령한 젖을 사모하라 이는 그
로 말미암아 너희로 구원에 이르도록 자라게 하려 함이라 너희가 주
의 인자하심을 맛보았으면 그리하라 벧전 2:1-3

산 제물로 † 드려지는 나

영적 예배란 주님의 임재 안에 내 육신의 생각을 포기함으로써 하나님의 생명이 나의 혼과 육을 통치하는 것을 의미합니다. 우리는 거룩한 예배당에 앉아 찬송하고 주의 말씀을 듣고 기도하는 것이 예배라고 생각하지만, 예배란 우리가 주님께 무엇인가를 드리는 것이 아니라 우리 자신이 그분이 계시기에 가장 합당한 처소가 되어 그분이 우리를 통해 온전히 드러나는 것을 의미합니다.

우리가 우리 몸을 거룩한 산 제물(living sacrifice)로 드리는 것이 우리가 드릴 영적 예배라고 말하는데, 그렇다면 우리가 영적 예배를 드리기 위해 우리 자신의 살아 있는 육체를 어떻게 해야 산 제물로 만들 수 있는지 바울의 삶을 함께 생각해보면 좋을 것 같습니다.

사도 바울은 "나는 날마다 죽노라"(고전 15:31)라고 했을 뿐만 아니라 자기 육체에 가시가 떠나가도록 세 번이나 주께 간구하여도 하나님의 고치심을 받지 못했지만 자신의 여러 약함을 자랑하는 사람이 되었다고 고백합니다.

나에게 이르시기를 내 은혜가 네게 족하도다 이는 내 능력이 약한 데서 온전하여짐이라 하신지라 그러므로 도리어 크게 기뻐함으로 나의 여러 약한 것들에 대하여 자랑하리니 이는 그리스도의 능력이 내게 머물게 하려 함이라 고후 12:9

이것은 우리가 영적 예배를 드리는 것이 영적인 방법으로 뭔가를 추구하는 것이 아님을 알려주는 놀라운 고백입니다. 그가 자신의 부족함과 연약함으로 인해 기뻐하는 것은 자신의 능력이 약할 때 그리스도의 능력이 나타나 자신이 온전해진다는 것이 무엇인지 깨달았기 때문입니다.

자신을 산 제물로 드린다는 것은 바로 과거 자신의 부족함과 연약함을 철저히 깨닫는 것입니다. 하나님 앞에 서서 그분의 영광에 자신을 비추어봤을 때 그분의 완전성, 온전함, 거룩함 앞에 과거 자신이 얼마나 더럽고 추악한 존재인지 깨닫는 것이 우리가 드릴 영적 예배의 첫 단계입니다. 그것을 깨달으면 깨달을수록 자신을 버리게 되고, 과거의 내가 내 의지로, 내 의로 뭔가 하지 않아도 내 안에 계신 그리스도의 영이 나를 사로잡기 시작하고, 나를 통해 나타나게 되기 때문입니다. 그리스도의 영광이 나타날 때 우리가 영적 예배를 드릴 수 있는 것입니다.

자신을 산 제물로 드리기 위해서는 옛 본성에 기초한 자기의식을 십자가에 못 박음으로 그리스도 안에서 새로운 피조물이 되었다는 것을 깨달아야 합니다. 과거 내 마음의 생각, 감정, 의지, 믿음, 습관 등은 이미 새로워진 나의 것이 아닙니다. 단지 그리스도 안에서 새롭게 된 내 마음에 남아 있을 뿐입니다. 그런데도 사람들은 그것이 여전히 '나' 또는 '나의 것'이라고 생각합니다.

자신의 본질이 새롭게 되었다는 것을 인정하십시오.

그런즉 누구든지 그리스도 안에 있으면 새로운 피조물이라 이전 것은 지나갔으니 보라 새 것이 되었도다 고후 5:17

우리는 기도하지만 어떻게 해야 하는지, 오늘의 문제를 어떻게 풀어야 하는지, 하나님이 우리를 어떻게 인도하실지 잘 모릅니다. 그럼에도 불구하고 하나님의 영광 안에 거하며 과거의 내 삶을 그분께 온전히 드릴 때 내 때가 아니라 그분의 때에 그분의 방법으로 우리의 삶을 인도해가시는 것을 경험할 수 있습니다.

너는 마음을 다하여 여호와를 신뢰하고 네 명철을 의지하지 말라 너는 범사에 그를 인정하라 그리하면 네 길을 지도하시리라 잠 3:5,6

그리스도 안에서 새로운 피조물이 된 우리는 그분 없이 아무것도 할 수 없습니다. 그분의 영광 안에 들어가지 않고는 새로운 삶을 살 수 없습니다. 새로운 '나'는 과거 자신의 약함을 철저히 깨닫고 드릴 때 그분께 의탁하고 그분을 의지할 수 있습니다. 그런데 대부분의 경우 우리는 하나님을 의지한다고 말은 하지만, 과거의 내가 할 수 있는 일을 하되 그분이 내게 능력을 주셔서 그 일을 좀 더 잘 해나가고자 합니다. 그러나 정말 중요한 것은 새로운 나의 삶은 그분의 생명으로부터 출발해야 한다는 사실입니다.

내가 그리스도와 함께 십자가에 못 박혔나니 그런즉 이제는 내가 사는 것이 아니요 오직 내 안에 그리스도께서 사시는 것이라 이제 내가 육체 가운데 사는 것은 나를 사랑하사 나를 위하여 자기 자신을 버리신 하나님의 아들을 믿는 믿음 안에서(하나님의 아들 안에 있는 믿음으로, 저자 주) 사는 것이라 갈 2:20

그리스도 안에서 사는 삶은 모험입니다. 과거 자신이 원하는 방식대로 원하는 만큼 되는 것이 아니라, 한 치 앞을 모르는 가운데 예측

할 수 없고 두려워하는 그 시간에 그분을 의지할 때 그분이 새로운 피조물인 나와 동행하심으로 날마다 승리하는 삶이 진정한 인생이자 모험입니다. 나에게는 불확실한 상황이고 시간이지만 하나님 편에서 보면 새로운 나를 위해 가장 정확히 예비된 상황이자 시간이라는 사실을 깨달으시기 바랍니다.

지금 자신의 거듭남이 무엇인지 다시 한번 확인하십시오. 우리가 그리스도 안에 있으면, 구원받기 전의 '나'와 구원받은 후의 '나'는 결코 동일할 수 없습니다. 거듭나기 전 과거 옛 본성을 따라 육신의 감각에 기초해서 형성된 자신의 생각, 감정, 의지가 얼마나 추악하고 약한지 그분께 고백하십시오. 그것이 바로 자신의 몸을 하나님이 기뻐하시는 거룩한 산 제물로 드리는 영적 예배의 출발입니다. 그럴 때 우리는 다시 한번 새로운 피조물인 자신을 깨닫고, 그리스도 안에서 하나님의 영광이 우리의 혼과 육을 통치함으로써 그분이 인도하시는 새 하루를 열어가게 될 것입니다.

주님, 매일의 삶을 하나님이 기뻐하시는 거룩한 산 제물로
드리지 못한 것을 용서하여주옵소서. 나 자신과 나의 삶을
주님 앞에 다시 한번 내려놓습니다. 이미 그리스도 안에서
새로운 피조물이 되었는데도 과거에 죽은 나를 붙든 채 좀
더 편안한 삶과 형통한 삶을 추구했던 것을 용서하여주옵
소서. 이 과거의 생각, 감정, 의지를 버리지 못하면 결코 영적
예배를 드릴 수 없음을 다시 한번 깨닫게 하시니 감사합니
다. 새롭게 된 내 안에 여전히 거하는 육신의 생각은 고쳐서
사용할 대상이 아니라 매일매일 십자가에 못 박아야 할 대
상임을 알게 하시니 감사드립니다. 성령님, 오늘도 나의 혼
을 통치하셔서 영으로써 몸의 행실을 죽이는 하루가 되게 하
옵소서.

그러므로 형제들아 내가 하나님의 모든 자비하심으로 너희를 권하노
니 너희 몸을 하나님이 기뻐하시는 거룩한 산 제물로 드리라 이는 너
희가 드릴 영적 예배니라 롬 12:1

하나님이 ✝
원하시는
새로운 그릇

우리가 인생을 살아가다보면 공의롭지 못한 일을 겪거나 풀리지 않은 의문과 고통 속에서 갈 바를 알지 못할 때가 많습니다. 다른 사람들과 비교될 때, 자신의 출생을 생각할 때, 그리고 자신이 살아온 인생을 돌아볼 때 너무 억울하다고 느껴지는 경우도 많습니다. 이런 일들은 마귀에 의해서도 일어나지만 한편으로 내가 내 삶의 주인이기 때문에, 내 방식대로 자기중심적인 생각으로 이 세상을 바라보기 때문에 그렇기도 합니다.

그런데 정말 하나님이 계신 것을 믿는다면, 나를 지으신 분이 계신데 지음 받은 토기가 토기장이에게 왜 나를 이렇게 만들었느냐고 반문할 수 있겠느냐는 것입니다. 감사하고 놀라운 사실은 귀히 쓰임을 받든지 천히 쓰임을 받든지 자신이 용도에 맞게 빚어진 그릇이라는 사실을 인정할 때부터 새로운 삶이 열린다는 것입니다. 왜냐하면 그릇의 가치는 그 그릇이 무슨 재질로 만들어졌느냐에 있는 것이 아니라 그 그릇에 무엇을 담도록 만들어졌느냐가 중요하기 때문입니다.

어두운 데에 빛이 비치라 말씀하셨던 그 하나님께서 예수 그리스도의 얼굴에 있는 하나님의 영광을 아는 빛을 우리 마음에 비추셨느니라 우리가 이 보배를 질그릇에 가졌으니 이는 심히 큰 능력은 하나님께 있고 우리에게 있지 아니함을 알게 하려 함이라 고후 4:6,7

삶의 주인이 내가 아니라 토기장이에게 달렸다고 고백할 때 그 그릇에 비로소 하나님의 영광을 아는 빛이 비춰지고 질그릇에 보배를 담게 됩니다. 사실 우리의 삶은 그때부터 시작됩니다. 하나님만이 그 질그릇을 바꾸실 수 있기 때문입니다. 할렐루야! 기억하십시오. 하나님의 생명이 임하신 후에야 그 그릇이 새롭게 빚어질 수 있다는 것을 말입니다.

여호와께로부터 예레미야에게 임한 말씀에 이르시되 너는 일어나 토기장이의 집으로 내려가라 내가 거기에서 내 말을 네게 들려주리라 하시기로 내가 토기장이의 집으로 내려가서 본즉 그가 녹로로 일을 하는데 진흙으로 만든 그릇이 토기장이의 손에서 터지매 그가 그것으로 자기 의견에 좋은 대로 다른 그릇을 만들더라 렘 18:1-4

하나님이 선지자 예레미야에게 보여주신 대로 하나님께서 친히 녹로에 올려놓고 일하시면 그 그릇을 하나님의 뜻대로 바꾸실 수 있습니다. 그것은 바로 하나님의 생명이 임할 때입니다. 그런데 우리는 하나님의 생명의 빛 없이 우리가 주인이 되어 자신의 그릇을 바꾸려고 애씁니다.

우리는 한번 만든 그릇은 다시 빚을 수 없고 안 되면 깨트려야 한다고 생각합니다. '나'라는 존재가 바뀔 수 없다고 생각하는 것입니다. 그러나 하나님은 이미 만든 그릇이라 해도 다시 녹로에 놓고 돌리셔서 원하는 그릇으로 만드실 수 있는 분입니다. 창조주 하나님의 손으로 다시 빚으십니다. 이 얼마나 놀라운 사실입니까?

또 우리는 우리 안에 하나님의 생명이 들어오면 다 되었다고 생각하는데 사실은 그때부터 새로운 삶, 성화의 삶이 시작되는 것입니다. 우리는 예수를 믿고 그리스도의 영이 내 안에 들어온 이후 우리가 영적인 것을 추구하는 육적인 존재라고 생각하기 쉽지만 그렇지 않습니다. 우리는 새로운 육체를 경험하게 되는 영적인 존재가 된 것입니다. 새로운 육체를 경험하는 것은 내 안에 그리스도의 영, 하나님의 생명이 있을 때라야 가능합니다. 그 생명이 없는데 자신을 녹로에 놓고 돌리면 끝입니다. 죽습니다. 더 이상 살 수 없습니다.

하지만 내 안에 하나님의 생명이 있으면, 하나님은 이미 만든 그릇이라도 그분의 손으로 새로운 그릇을 만드십니다. 그 안에 있는 생명의 빛 때문에 새로운 육체를 경험하게 되는 것입니다. 그럴 때 옛 본성에 기초한 자기의식, 환경, 다른 사람들과 비교하면서 만들어진 '내'가 아니라 하나님께서 지으신 '내'가 되는 것입니다. 질그릇에 보배를 담지 않은 채 녹로에 놓고 돌려지면 그 결과는 자살입니다. 자신이 스스로 그릇을 깨버리는 것입니다. 그러나 하나님이 함께하시면 힘들고 어렵더라도 끝내 우리는 새로운 육체로 빚어집니다.

우리 안에 우리와 비교할 수 없는 '심히 큰 능력'의 하나님이 함께하십니다. 자신이나 세상을 탓하지 마시고 그분 안에서 영광뿐만 아니라 고난도 함께 받으십시오. 그 가운데 하나님께서 하나님이 원하시는 대로 새로운 그릇을 만드십니다. 우리가 그분의 아름다운 덕을 이 땅에 나타내기를 원하십니다.

주님, 내가 내 삶의 주인이 아닌 것을 다시 한번 깨닫게 하
시니 감사합니다. 토기장이가 자기가 원하는 대로 친히 쓸
그릇을 만들 권한이 없느냐고 하시는 뜻에 따라 내 삶을
포기할 때 주님의 생명이 나를 새롭게 빚으신다니 감사합
니다. 이 사실을 받아들임으로써 "왜 나만", "왜 내게"라는
모든 부정적인 생각을 지워버릴 수 있게 되었습니다. 오늘
도 내 안에 계신 하나님의 생명으로 말미암아 나를 하나님
이 쓰시기에 가장 좋은 그릇으로 만드시는 토기장이 하나님
의 손에 나를 맡겨드립니다. 매일매일 하나님의 녹로에서 더
아름다운 하나님의 도자기로 빚어지게 하옵소서! 그리하여
그 도자기가 그리스도의 향기를 담는 옥합이 되게 하소서!

혹 네가 내게 말하기를 그러면 하나님이 어찌하여 허물하시느냐 누
가 그 뜻을 대적하느냐 하리니 이 사람아 네가 누구이기에 감히 하나
님께 반문하느냐 지음을 받은 물건이 지은 자에게 어찌 나를 이같이
만들었느냐 말하겠느냐 토기장이가 진흙 한 덩이로 하나는 귀히 쓸
그릇을, 하나는 천히 쓸 그릇을 만들 권한이 없느냐 롬 9:19-21

자기 ✝ 인생을 살지 말라

사는 게 다 똑같아 보여도 사실 하늘과 땅 차이가 납니다. 섬기는 일도 마찬가지입니다. 똑같은 일을 하더라도 그 일이 자신의 일인 사람이 있고, 그 일이 하나님의 일인 사람이 있습니다. 결론부터 말하자면, 내 일로 내 능력으로 하나님을 위해서 아무리 대단한 일을 했더라도 하나님께서는 그 일을 전혀 카운트해주지 않으십니다. 내가 아니라 내 안에 계신 하나님께서 나를 통해 그분의 일을 행하신 것만 카운트하십니다. 우리는 이 놀라운 비밀을 깨달아야 합니다. 그렇지 않으면 나중에 돌이킬 수 없는 후회를 하게 됩니다.

예수님께서는 공생애 동안 예수님이 행하신 사역의 비밀을 우리에게 다음과 같이 알려주셨습니다.

내가 아버지 안에 거하고 아버지는 내 안에 계신 것을 네가 믿지 아니
하느냐 내가 너희에게 이르는 말은 스스로 하는 것이 아니라 아버지
께서 내 안에 계셔서 그의 일을 하시는 것이라 요 14:10

특별히 저는 엄청난 대가를 지불하고 이 사실을 깨달았습니다. 저
는 1990년 건국대학교에 부임하면서부터 한국창조과학회 학술위원
으로 섬겼습니다. 그리고 각 교회에서 창조과학 세미나를 요청해오
면 저는 언제 어디라도 가서 하나님의 창조 섭리에 대해 배운 바를
강의했습니다. 지금 생각하면 참 어리석었지만 얼마나 열심이었는
지, 낮에 수십 명이 모이는 교회에 세미나를 하러 가기 위해 수업을
휴강하고 달려가기도 했습니다. 그렇게 특심으로 하나님을 섬겼기
때문에 제 안에는 이런 교만한 마음이 있었습니다.

"하나님께서 날 언제 부르셔도 나는 후회가 없을 것 같아. 하나님
앞에서 자신 있게 주님을 위해 한 일을 말씀드릴 수 있으니까."

그런데 1999년에 성령님께서 찾아오신 이후 지독한 율법주의적
신앙생활에서 벗어나 주님과 새로운 교제를 하던 어느 날, 성령님께
이끌려 기도하던 중에 하나님께서 저의 사역에 대해 명확히 말씀하
셨습니다.

"철아, 그동안 네가 한 일은 하나도 카운트되지 않는 거 알지?"

저는 거의 기절할 것 같았습니다. 제가 그동안 하나님을 위해서

한 일, 그 일을 위해 포기한 제 삶을 생각할 때 그것은 도저히 받아들일 수 없는 말씀이었기 때문입니다. 저는 모든 생각을 다 동원하여 하나님께 반박했습니다. 그러자 하나님은 그런 제 말을 다 들으시고 나서 단 한마디 말씀으로 저의 잘못을 깨닫게 하셨습니다.

"응, 그런데 그건 네가 했잖아."

이 말씀을 듣는 순간, 저는 제 삶에 무엇이 문제인지 깨닫게 되었습니다. 그 말씀이 제 인생을 변화시켰습니다. 제가 아무리 하나님을 위해서 열심을 내었다 할지라도 그 상황, 그 일에 하나님이 개입하실 수 없다면 하나님은 그것을 카운트하실 수 없다는 것입니다. 하나님께서는 우리가 하나님을 위한 일을 하는 것이 아니라, 우리 안에 계셔서 우리를 통해 그의 일을 행하시고 그분을 나타내기를 원하십니다.

우리는 그분이 그분의 일을 행하시도록 최선을 다해야 합니다. 그런데 우리는 우리가 그분을 위해 최선을 다하는 삶을 살고자 합니다. 전자에 필요한 것은 자기 포기와 믿음이지만 후자에 필요한 것은 자기 노력과 지혜입니다.

나더러 주여 주여 하는 자마다 다 천국에 들어갈 것이 아니요 다만 하늘에 계신 내 아버지의 뜻대로 행하는 자라야 들어가리라 그 날에 많은 사람이 나더러 이르되 주여 주여 우리가 주의 이름으로 선지자

노릇 하며 주의 이름으로 귀신을 쫓아내며 주의 이름으로 많은 권능을 행하지 아니하였나이까 하리니 그때에 내가 그들에게 밝히 말하되 내가 너희를 도무지 알지 못하니 불법을 행하는 자들아 내게서 떠나가라 하리라 ^{마 7:21-23}

우리는 매일 하나님 아버지의 뜻대로 행하는 것을 배워야 합니다. 예수님께서 하나님 아버지 안에서 그분을 드러내는 삶을 사셨던 것처럼 우리도 예수 그리스도 안에서 그렇게 행하는 것을 배워야 합니다. 그렇지 않으면 설령 우리가 주의 이름으로 많은 권능을 행한다 하더라도 결국은 예수님이 알아주지 않는 불법을 행하는 자들이 됩니다.

우리가 다 반드시 그리스도의 심판대 앞에 서게 될 그때, 우리는 우리가 행한 일에 대해 평가받게 될 것입니다. 우리가 보기에 되어진 일들이 같아 보여도 예수 그리스도 안에서 하나님의 의를 나타낸 것과 하나님을 위한다고 하면서 자기의로 행한 것은 명확히 구별될 것입니다. 그때 불로 각 사람의 공적이 어떤 것인지 명백하게 드러날 것입니다. 자기의로 행한 것은 나무나 풀이나 짚과 같은 것이어서 불로 태우면 아무것도 남지 않습니다.

이 닦아둔 것 외에 능히 다른 터를 닦아둘 자가 없으니 이 터는 곧 예수 그리스도라 만일 누구든지 금이나 은이나 보석이나 나무나 풀이나 짚으로 이 터 위에 세우면 각 사람의 공적이 나타날 터인데 그 날이 공적을 밝히리니 이는 불로 나타내고 그 불이 각 사람의 공적이 어떠한 것을 시험할 것임이라 고전 3:11-13

우리는 허무하고 억울한 인생을 살지 말아야 합니다. 평생 자신을 위해 살다가 그에 대한 평가를 받는다면 억울할 일은 없습니다. 그러나 평생 하나님을 위해 산다고 생각하며 애썼지만 마지막에 불법을 행하는 자로 평가받는다면 그것보다 비참한 삶이 어디 있겠습니까? 하나님으로부터 인정받는 삶이 무엇인지 깊이 묵상해보시기 바랍니다.

함께 들으면 좋은 HTM 찬양
나보다 나를 더 잘 아시는 주님 〈Heavenly Touch Worship 2집 작사/곡 박성호〉

주님, 매일매일 하나님을 기쁘시게 하는 삶을 살고 싶습니다. 하지만 열심히 주님을 섬겨도 인정받지 못하는 삶을 살수 있다는 것을 알게 하시니 감사합니다. 이제는 예수 그리스도 안에서 하나님의 뜻을 이루어가는 삶을 살겠습니다. 그것은 내 속에서 능력으로 역사하시는 이의 역사를 따라 최선을 다하는 삶입니다. 주님, 더 이상 제가 주님을 위해서 최선을 다하는 삶을 살지 않게 하시고, 내 안에 계신 하나님께서 저를 통해 나타나시는 데 최선을 다하는 삶을 살게 하여주옵소서. 하나님의 영광의 임재와 성령의 능력 받기를 간절히 소망합니다.

이를 위하여 나도 내 속에서 능력으로 역사하시는 이의 역사를 따라 힘을 다하여 수고하노라 골 1:29

세상을 구원하기 위한 죽음

요한일서에서는 이 세상이나 세상에 있는 것들을 사랑하지 말라고 말씀합니다. 세상을 사랑하는 것이 바로 육신의 정욕, 안목의 정욕, 이생의 자랑이라고 합니다.

> 이 세상이나 세상에 있는 것들을 사랑하지 말라 누구든지 세상을 사랑하면 아버지의 사랑이 그 안에 있지 아니하니 이는 세상에 있는 모든 것이 육신의 정욕과 안목의 정욕과 이생의 자랑이니 다 아버지께로부터 온 것이 아니요 세상으로부터 온 것이라 요일 2:15,16

그런데 우리가 잘 아는 요한복음 3장 16,17절에 따르면 예수님께서는 "하나님이 세상을 이처럼 사랑하사 독생자를 주셨으니 이는 그를 믿는 자마다 멸망하지 않고 영생을 얻게 하려 하심이라"라고 말씀하셨습니다. 하나님이 독생자를 보내주신 것은 세상을 사랑하기 때문이며 세상을 구원하기 위해 오셨다고 하십니다.

다른 한편 요한복음 17장 16절에서 예수님은 제자들을 위해 이렇게 기도하셨습니다.

내가 세상에 속하지 아니함 같이 그들도 세상에 속하지 아니하였사옵나이다 그들을 진리로 거룩하게 하옵소서 아버지의 말씀은 진리니이다 아버지께서 나를 세상에 보내신 것같이 나도 그들을 세상에 보내었고 요 17:16-18

그러면 도대체 하나님이 보시는 세상과 우리가 보는 세상에 어떤 차이가 있는 걸까요? 왜 성경의 어느 구절에는 세상을 사랑하라고 하고 또 어느 구절에는 세상을 사랑하면 큰일 난다고 말합니까? 과연 예수님께서 말씀하시고자 하는 궁극적인 진실은 무엇일까요? 하나님께서 예수님을 세상에 보내신 것처럼 우리도 세상에 보내기 원하시고 하나님의 자녀가 된 우리를 통해 이 세상을 구원하기를 원하시는 것입니다.

세상을 사랑해야 하느냐, 세상을 사랑하지 말아야 하느냐 하는 문제의 중요한 차이는 세상에 있는 것이 아니라 바로 우리에게 있습니다. 예수님은 자기를 죽이고 세상을 사랑하셨습니다. 죽기까지 세상을 사랑하신 것이 예수님의 마음입니다. 우리가 정말 본받아야 될 것은 자기를 죽이고 세상을 사랑하는 것입니다. 그런데 자기가 살기 원하면 세상을 사랑하게 되고 그렇게 될 때 육신의 정욕과 안목의 정욕과 이생의 자랑에 빠질 수밖에 없습니다. 자기를 죽이고 세상을 사랑할 때 비로소 예수 그리스도의 마음으로 세상을 구원하고 이 땅에 하나님나라를 이룰 수 있게 되는 것입니다.

그래서 예수님도 세상을 사랑하기에 앞서 자기를 부인하고 자기 십자가를 지고 예수님을 좇으라고 말씀하신 것입니다. 그렇습니다. 자신이 죽은 자만이 세상을 사랑할 수 있습니다. 그래야 자기 자신이 아닌 온전한 하나님의 마음으로 이 세상을 사랑할 수 있습니다. 물론 그것은 정말 어렵습니다. 하나님의 사역을 하는 저도 자신을 죽이는 것이 정말 어렵습니다. 저 역시 자신을 죽이지 못하고 하나님의 사랑 없이 상담하고 기도할 때가 많았습니다. 하나님의 뜻을 나타내는 것이 아니라 그냥 사역을 하는 것이지요. 그래서 괴로울 때도 많습니다. 사역에 있어서 가장 큰 문제가 무엇이냐고 묻는다면 바로 '저'입니다. 나 자신을 죽이지 못하는 것이 가장 큰 문제이자 사역의 걸림돌입니다.

그러면 내가 죽는 일이 언제 일어납니까? 아침 첫 시간 하나님 앞에 잠잠히 머무를 때입니다. 내가 죽고 세상을 사랑하기 원하는 것이 예수님의 마음이라면 나 자신을 죽이는 시간이 바로 아침입니다. 나머지 시간은 세상을 사랑하는 시간입니다. 자신이 죽지 않으면 어떤 사람도 세상을 사랑할 수 없습니다. 결국 자신이 살아서 세상을 사랑한다면 그것은 자기 자신을 위해 예수님을 이용하는 것뿐입니다. 내가 오늘 하루 잘 보내기 위해 이것도 해주시고 저것도 해달라고 자기 문제만 구한다면 그 사람의 마음은 흡족할지 몰라도 예수님의 마음은 그렇지 않습니다.

신앙생활은 세상을 벗어나기 위한 것이 아닙니다. 세상으로 들어가서 예수님의 사랑을 흘려보내기 위해서, 주의 뜻을 이루기 위해서 자신을 죽이는 시간이 필요합니다. 특별히 새벽기도는 자기 자신을 추구하는 것이 아니라 자신을 내려놓고 기다릴 때 하나님의 사랑이 우리 자신을 사로잡는 그런 시간입니다. 내가 주인이 아니라 하나님이 주인 되셔서 내 마음을 해체시키고 하나님이 쓰시기에 좋은 그릇으로 만드는 시간입니다. 아무것도 바라지 말고 어린아이처럼 오직 하나님 아버지 품 안에 안식하는 시간을 가지십시오. 내가 죽는 시간, 하나님이 얼마나 나를 사랑하시는지 느끼는 시간, 세상을 품고 사랑하기 위해 내 것을 포기하는 시간을 마련하십시오.

자기를 죽이지도 않고 세상을 더 사랑하기 위해 대부분의 시간을 세상에서 보내는 그리스도인들이 많다는 사실이 놀랍지 않습니까?

한편으로 세상으로부터 도피하여 하루 종일 교회 안에 머물러 있는 그리스도인들이 많다는 것 역시 놀랍습니다. 그러나 우리는 하나님의 소유요, 하나님이 너무나 사랑하시는 세상을 사랑할 줄 알아야 합니다. 그리고 하나님께서 이 세상을 하나님의 뜻대로 변화시키기 위해서 우리를 부르셨다는 것도 분명히 깨달아야 합니다. 문제는 세상이 아니라 내가 죽어야 한다는 것입니다.

주님, 감사합니다. 하나님의 영광에 사로잡혀 주님이 바라보시는 대로 제가 새롭게 빚어지기 원합니다. 세상을 사랑하는 마음을 품고 나아가게 하여주옵소서. 하루를 시작하는 이 짧은 시간만이라도 주님 앞에 나 자신을 온전히 드리고, 내가 죽고, 주님의 마음을 품는 시간이 되게 하여주옵소서. 주님, 저는 날마다 세상에 묶이지 않도록, 세상을 사랑하지 않도록 기도해왔습니다. 그러나 진리는 제가 세상을 사랑하느냐 사랑하지 않느냐에 달린 것이 아니라 세상에 있는 제가 예수 그리스도와 함께 죽었느냐 죽지 않았느냐에 달려 있다는 것을 알게 하시니 감사합니다. 예수님께서 세상을 사랑하신 것처럼 저도 세상을 사랑하게 하옵소서. 나의 가정과 직장을 진정으로 사랑하는 자가 되게 하옵소서!

하나님이 세상을 이처럼 사랑하사 독생자를 주셨으니 이는 그를 믿는 자마다 멸망하지 않고 영생을 얻게 하려 하심이라 하나님이 그 아들을 세상에 보내신 것은 세상을 심판하려 하심이 아니요 그로 말미암아 세상이 구원을 받게 하려 하심이라 요 3:16,17

왜 ✝
날마다 죽어야
하는가?

우리는 살기 위해서 밥도 먹고, 공부도 하고, 일도 하고, 다른 사람과 관계도 맺습니다. 그리고 좀 더 나은 삶, 거룩한 삶을 살기 위해 기독교 신앙을 갖기도 합니다. 그런데 위대한 사도 바울의 자랑은 자신이 날마다 죽는 것이라고 말합니다. 너무나 아이러니한 말처럼 생각됩니다. 그렇다면 내가 죽으면 나는 나를 어떻게 인식할 수 있습니까? 죽은 다음에 하나님을 믿는 나는 누구입니까? 죽음 전의 나와 죽음 후의 나는 어떤 차이가 있습니까? 도대체 날마다 죽는다는 것의 진정한 의미는 무엇일까요?

사실 이 문제로 고민한다면 이 사람은 정말 신앙이 있는 사람입니다. 그러나 대부분 이런 생각조차 하지 않습니다. 단지 예수님을 영접할 때 내가 예수님의 죽으심에 연합하여 죽었다고 고백은 하지만, 구원 전이나 구원 후에도 똑같은 자신이 열심히 신앙생활을 할 뿐입니다. 그런데 예수님께서는 자기를 부인하고 자기 십자가를 진 자만이 예수님을 따를 수 있다고 말씀하셨습니다.

이에 예수께서 제자들에게 이르시되 누구든지 나를 따라오려거든 자기를 부인하고 자기 십자가를 지고 나를 따를 것이니라 마 16:24

첫 번째, 자기를 부인한다는 말은 회개한다는 의미입니다. 지금까지 내가 자존자로서 내 생각, 내 뜻대로, 내가 원하는 대로 생각하고 판단하고 살았던 삶을 부인하는 것입니다. 사도행전 20장에서 바울은 에베소 장로들을 불러 고별설교를 하면서 자신이 '하나님께 대한 회개'와 '예수 그리스도께 대한 믿음'을 증언했다고 했습니다.

'하나님께 대한 회개'란 자신이 중심이고 주인이었던 삶, 내가 계획했던 삶, 내 뜻대로 살면서 하나님을 하나님으로 인정하지 않았던 삶, 하나님 없이 살겠다고 한 삶을 부인하는 것입니다. 자신이 행한 일이 아니라 자신의 존재와 삶 자체가 잘못되었음을 인정하는 것입니다. 이렇게 자기를 부인한다는 것은 마음을 새롭게 하는 것이고 회개하는 것입니다. 그것이 첫 번째 단계입니다.

두 번째, 자기를 부인하지 않는데 자기 십자가를 질 수는 없습니다. 자기를 부인하고 자기 십자가를 진다는 것은 바로 예수 그리스도와 함께 죽고 예수 그리스도와 함께 부활한다는 것입니다.

내가 그리스도와 함께 십자가에 못 박혔나니 그런즉 이제는 내가 사는 것이 아니요 오직 내 안에 그리스도께서 사시는 것이라 갈 2:20

내가 그리스도와 함께 죽었다는 것은 나의 삶, 나의 옛 사람을 십자가에 못 박고 이제는 내가 새 사람의 삶을 산다는 것입니다. 과거 세상 신에 의해 형성된 자아의식, '나'라는 생명 자체가 죽었다는 이야기입니다. 또한 그 결과 옛 사람의 사고체계로 살아가는 모든 것의 죽음을 의미합니다.

비록 우리가 마음으로 인식하지는 못해도 우리는 하나님의 영에 의해서 새로운 의식으로 살아가는 새 사람이 되었습니다. 그럼에도 불구하고 태어나서 경험하게 된 수많은 기억과 그에 따른 감정, 그리고 이미 형성된 프로그램, 습관 등은 우리 마음에 여전히 남아 있습니다. 바로 이런 것들에 묶여 있거나 그것을 우리 자신이라고 생각하는데, 그것은 겉사람입니다. 이미 새 사람이 되어 새 생명으로부터 내 혼에 형성되어가는 새로운 의식은 속사람입니다. 다만 인식되지 못할 뿐입니다.

그래서 사도 바울은 "나는 날마다 죽노라"라고 고백했습니다. 그것은 이미 죽은 옛 사람의 삶을 날마다 포기한다는 뜻입니다. 우리는 틈만 나면 죄 짓게 만들고 다시 육체로 돌아가게 하는 겉사람을 매일 죽여야 합니다. 예수 그리스도의 생명에 의해 통치함을 받는 자가 사는 삶은 자신의 삶이 아니라 예수 그리스도가 주인 되는 삶입니다. 이것이 속사람입니다.

우리는 지금 예수 그리스도 안에서 하나님의 생명으로 살아가고 있습니다. 이것이 바로 새 사람의 삶입니다. 그런데 가장 중요한 사실은 자신의 본질이 '속사람'이라는 것을 아는 자만이 날마다 겉사람을 죽일 수 있다는 것입니다. 다른 말로 자신이 예수 그리스도 안에서 새로운 피조물인 것을 알기 때문에 매일 육적인 삶을 포기할 수 있다는 것입니다. 그 결과 겉사람은 후패하지만 속사람은 날로 새로워지는 것입니다.

그런데 불행하게도 우리는 자신의 본질이 속사람이라는 것을 모른 채 좀 더 거룩해지려고 하고, 좀 더 선한 사람이 되려고 하고, 자신을 죽이고자 애를 쓰기도 합니다. 그러나 우리는 스스로 자신을 죽일 수 없습니다.

너희가 서로 거짓말을 하지 말라 옛 사람과 그 행위를 벗어버리고 새 사람을 입었으니 이는 자기를 창조하신 이의 형상을 따라 지식에까지 새롭게 하심을 입은 자니라 골 3:9,10

속사람에 기초한 새 사람이 되었으면 우리는 새 사람의 방식대로 살아야 합니다. 성령 안에서 하나님의 말씀에 따라 새로운 생각, 감정, 의지를 가져야 합니다. 우리는 겉사람을 수리하거나 고쳐서 더 나은 사람이 되는 것이 아니라, 속사람이 새로운 마음을 가지고 새로운 육체를 경험하는 삶을 살아야 합니다. 그러기 위해서 반드시 성령충만함을 받으시기 바랍니다.

주님, 회개하고 예수 그리스도의 죽으심과 부활하심에 연합함으로써 그리스도의 영이 내 안에 계신 것을 믿습니다. 과거의 나, 옛 사람은 이미 죽었는데 스스로 죽지 않은 것처럼 여기고 나 자신을 죽이려고 노력한 어리석은 삶을 용서하여 주옵소서. 주님, 나의 옛 사람은 이미 죽었습니다. 비록 내 생각과 감정이 따라오지 않더라도 나는 이미 죽었음을 선포합니다. 지금 하나님과 교제하는 나는 과거의 내가 아니라 그리스도 안에서 새로운 피조물이 된 '나'입니다. 매일 똑같은 일을 하고, 똑같은 밥을 먹고, 똑같은 사람들을 만나는 삶을 살지만, "이전 것은 지나갔으니 보라 새 것이 되었도다"라고 하신 것처럼 저는 새 사람입니다. 주님, 비록 제 육신은 바뀐 것이 없지만 제 본질은 이미 바뀌었음을 선포합니다.

형제들아 내가 그리스도 예수 우리 주 안에서 가진 바 너희에 대한 나의 자랑을 두고 단언하노니 나는 날마다 죽노라 고전 15:31

은혜 †
아니면
서지 못하리

제가 학교에서 농축대학원장으로 재임 시 정기적으로 주임교수 회의를 주재했습니다. 그런데 아홉 개 학과 주임교수님 중에 회의에 자주 빠지는 분이 한 분 계셨습니다. 그분이 또 전화를 걸어와 이틀 후에 있을 회의에 참석하지 못한다고 말했습니다. 그때 저는 화가 많이 났습니다. 그래서 그 분이 무슨 일 때문에 회의에 참석하지 못하는지 말할 때 제대로 알아듣지 못했습니다. 사실 이유가 뭔지 듣고 싶지도 않았습니다. 예전부터 회의에 자주 불참하더니 또 회의에 빠진다고 하니 마음이 상했고 전화를 끊고 나자 더 화가 치밀었습니다. 아무래도 무슨 조치를 취해야겠다는 마음이 들었습니다. 말만 번지르르하게 하고 꼭 중요한 순간에 엇나간다는 생각이 들었기 때문입니다.

시간이 조금 지나고 나서 제가 그 분에게 전화를 걸었습니다. 그런데 받지 않았습니다. 저는 더 화가 났습니다. 한 5분쯤 있다가 다시 전화를 했는데 역시 받지 않았습니다. 그가 제 전화번호를 모를 리 없고 안 받을 이유도 없는데 두 번이나 전화를 받지 않자 저는 속에서 불이 났습니다. 여러 가지 일로 바쁘게 하루를 보내고 다음 날 새벽, 그 문제를 하나님 앞에 드리고 하나님과 독대하는 시간을 가졌는데, 하나님께서 제 마음을 점점 변화시키시는 것이 느껴졌습니다.

그때 하나님께서 제게 이런 마음을 주셨습니다.

"네가 전화를 걸었을 때 그가 받지 않도록 한 것이 은혜인 줄 아느냐?"

그래서 가만히 생각해보니 정말 기막힌 것입니다. 그가 만일 전화를 받았다면 저에게서 좋은 소리가 나갔을 리 없습니다. 분명히 듣기 싫은 소리를 했을 테고, 자칫 잘못해서 "당신, 말과 행동이 다르잖아!" 이렇게 언성이라도 높였다면 그 사람도 가만있지 않았을 것입니다. 크게 마음이 상했겠지요. 그러니 원장으로서 제가 범할 뻔했던 실수를, 하나님께서 상대가 전화를 받지 않게 해주심으로 막아주신 것이 제게 얼마나 큰 은혜인지 깨닫게 하신 것입니다.

"하나님, 감사합니다."

그제야 저는 하나님과 이렇게 대화를 나눌 수 있다는 것이 정말 감사했습니다.

'아, 이것이 은혜구나.'

우리가 미처 다 깨닫지 못해도 하나님께서는 우리에게 수많은 은혜를 베풀고 계십니다. 그런데 우리는 그 은혜를 버리고 자기 방식대로 행하여 하나님의 마음을 아프게 하고 마귀를 기쁘게 하는 일들을 얼마나 많이 합니까? 우리는 평범한 매일의 삶 가운데 섬세하고도 놀라운 하나님의 은혜를 깨닫고 누릴 줄 알아야 합니다. 그리고 날마다 그 은혜 속에서 강해져야 합니다.

내 아들아 그러므로 너는 그리스도 예수 안에 있는 은혜 가운데서 강하고 딤후 2:1

우리가 하나님의 은혜로 우리 마음을 다스릴 수 있고, 다시 하나님과 교제할 수 있고, 또 나 자신을 돌아볼 수 있게 되는 것, 그것이 영성이라는 생각이 들었습니다.

오후가 되자 제 기도가 다시 바뀌었습니다.

"주님, 감사합니다. 은혜를 베풀어주셔서 감사합니다. 하나님, 이번 회의가 중요한 회의니만큼 그 교수님의 마음을 바꿔주셔서 자진해서 회의에 참석할 수 있도록 도와주세요."

회의가 있는 당일 새벽에 기도할 때는 '주님, 그 교수님이 참석하지 않더라도 회의를 마친 다음 제가 직접 그 교수님 방에 가서 회의 결과를 보고하겠습니다. 제 머리에 숯불을 얹겠습니다' 이런 마음이 들었습니다.

"이번 기회에 이 일을 통해 내가 그 사람을 얻으리라!"

누가 누구에게 불만이 있거든 서로 용납하여 피차 용서하되 주께서 너희를 용서하신 것같이 너희도 그리하고 이 모든 것 위에 사랑을 더하라 이는 온전하게 매는 띠니라 골 3:13,14

세상적으로 따지면 도저히 자존심이 허락하지 않는 일입니다. 어떻게 제가 이런 마음까지 가질 수 있는지 하나님의 은혜에 제 자신도 놀라웠습니다. 흔히 우리는 자기에게 잘못한 사람을 용서하는 것으로 끝냅니다. 하지만 하나님은 용서하는 데서 그치지 말고 사랑을 더하라고 하십니다. 우리는 우리에게 하나님의 은혜가 없다고 생각할지 모릅니다. 하지만 가만히 우리의 삶을 들여다보면 믿는 자에게는 늘 하나님의 은혜가 함께합니다. 그런데 내 생각, 내 욕심 때문에 그것을 보지 못할 뿐입니다. 회의 시간이 되자 놀랍게도 그 교수님이 회의 장소에 나타났습니다. 저는 마치 예수님을 뵙는 것처럼 그 분을 맞이했습니다. 모든 것이 하나님의 은혜입니다.

주님, 늘 더 큰 은혜받기를 소원했지만 그 은혜가 이미 저와 함께하고 있다는 사실을 깨닫지 못했습니다. 늘 제 생각과 방식에 사로잡혀서 주님이 베푸시는 은혜를 누리지 못하고 있었습니다. 그러나 저는 이미 하나님의 모든 은혜를 받은 당신의 자녀입니다. 하나님의 은혜로 제 마음이 날마다 주의 마음으로 바뀌었음을 예수님의 이름으로 선포합니다. 더 많이 기도하고 헌신하여 주님으로부터 더 큰 은혜를 구하는 삶이 아니라 이미 부어주신 은혜를 깨달아 날마다 그 은혜를 누리는 데 강해지게 하옵소서. 저는 날마다 주의 넘치는 은혜를 누리는 자입니다.

하나님이 능히 모든 은혜를 너희에게 넘치게 하시나니 이는 너희로 모든 일에 항상 모든 것이 넉넉하여 모든 착한 일을 넘치게 하게 하려 하심이라 고후 9:8

하나님의 능력은 ✝
믿음을 통해서
흘러간다

우리의 신앙생활은 믿음의 삶입니다. 신앙의 시작도 믿음이고 끝도 믿음입니다. 그러면 믿음이 무엇입니까? 일반적으로 우리가 뭔가 좀 더 믿는다고 할 때 그것은 제한된 현실 세계에서 자기 인식을 넓혀 가는 것을 말합니다. 흔히 내가 좀 더 알고 내가 좀 더 경험하면 그만큼 믿음의 폭이 넓어질 수 있다고 생각하는 것이지요. 하지만 그것은 자기가 인식하는 시간과 공간과 물질이라는 현실 세계를 넘어설 수 없는 것이며, 인간의 의지적 노력일 뿐이지 성경에서 말하는 믿음은 아닙니다. 우리가 '자기'를 포기하지 않는다면 우리는 자기 경험, 자기 인식을 넘어서는 그 이상의 무언가를 얻을 수 없고 하나님이 주시는 믿음도 가질 수 없습니다. 하나님의 믿음이란 시간과 공간과 물질에 대한 자기 인식을 벗어나는 것이기 때문입니다.

하나님의 능력은 시간과 공간과 물질을 초월한 믿음을 통해서 흘러갑니다. 예를 들어 전선이 물에 잠겨 있는데 우리가 모르고 물에 발이나 손을 담그면 흐르는 전기에 감전되어 죽을 수도 있습니다. 왜냐하면 물은 전기를 흘러가게 하는 도체이기 때문입니다. 하지만 전선이 고무와 같은 부도체에 놓여 있을 때는 우리의 몸이 닿아도 전기가 흐르지 않습니다. 고무는 부도체이기 때문이죠. 전기는 오직 도체를 통해서 흐르는 것처럼, 하나님의 능력은 시간과 공간과 물질을 초월하는 믿음, 시간과 공간과 물질에 제한받지 않는 믿음을 통해서만 흘러갑니다.

> 하나님이 바울의 손으로 놀라운 능력을 행하게 하시니 심지어 사람들이 바울의 몸에서 손수건이나 앞치마를 가져다가 병든 사람에게 얹으면 그 병이 떠나고 악귀도 나가더라 행 19:11,12

사도행전 19장을 보면 하나님께서 사도 바울을 통해 '놀라운 능력'을 행하게 하셨습니다. 심지어 사도 바울의 몸에서 그의 손수건이나 앞치마를 가져다가 병든 사람에게 얹기만 해도 병자가 치유함을 받는 일이 일어났습니다. 그것은 눈에 보이지 않는 치유의 능력이 바울의 손수건이나 앞치마를 통해 전달되었다는 것입니다. 그런데 이것은 상식적으로 도저히 이해할 수 없고 일어날 수 없는 일입니다. 이런 일은 우리가 감각하고 지각하는 시간과 공간과 물질의 현실 세계에서 불가능한 것처럼 보이지만, 하나님의 믿음을 통해 기름 부으심이 흘러가면 얼마든지 일어날 수 있습니다.

지금 이 땅에서 우리 눈에 아무것도 보이지 않고 우리 감각으로 아무것도 느껴지지 않을지라도 우리가 합심해서 믿음으로 기도할 때, 아무리 불가능하게 보이는 일이라도 주의 말씀에 따라 이미 이루어졌음을 믿고 기도할 때, 그 믿음으로 하나님의 능력이 임하고 영적 기류가 변하고 실제적이고 가시적인 기적이 일어난다는 것을 알아야 합니다.

그런데 우리가 그것을 이해할 수 없다는 것이 문제입니다. 그러면 왜 이해할 수 없습니까? 우리는 지금 육신을 기초로 육신의 오감을 통해 모든 것을 받아들이며 살아가고 있기 때문입니다. 그러나 우리가 성령충만을 받아 육신이 아닌 영에 기반을 두는 삶을 살 때 우리는 보이지 않는 것을 볼 수 있고 느끼지 못하는 것을 느낄 수 있게 됩니다. 그것은 육체에 기초한 내가 보고 내가 느끼는 것이 아닙니다. 나 자신을 포기할 때 하나님의 영에 의해 감지할 수 있다는 것입니다.

그리스도인들 중에는 두 부류의 사람들이 존재합니다. 어떤 사람은 매일 자기를 지키기 위해 기도하며 하나님을 찾습니다. 반면에 어떤 사람은 매일 자신을 포기하기 위해 하나님을 찾고 기도합니다. 하나님의 믿음을 경험할 수 있는 사람은 후자입니다. 자기 자신을 포기하는 삶을 살 때 "내가 내가"라고 하면서는 경험할 수 없던 것을 경험할 수 있게 됩니다. 하나님의 믿음으로 시간과 공간과 물질을 초월하여 계신 그분과 교제할 수 있고, 그분의 뜻이 이 땅에 나타나도록 할 수도 있습니다.

사람들은 믿음의 삶을 오해합니다. '나'라고 하는 통이 있으면 그 통에 열심히 뭔가 집어넣고 그 통이 점점 더 꽉 차도록 하기 위해 신앙생활이 필요하다고 생각합니다. 하지만 그렇지 않습니다. 하나님이 주시는 믿음의 삶이란 바로 자신의 통을 깨트리는 것입니다. 우리가 자신의 옛 가죽부대를 터뜨리면 그때 하나님께서 새 부대를 주십니다. 옛 부대에 새 술을 담으면 가죽부대가 터져서 술도 가죽부대도 모두 못 쓰게 됩니다. 우리가 우리의 옛 가죽부대를 터뜨려서 새 부대가 된다는 것의 영적인 의미는 육적인 자신을 포기하는 것, 시간과 공간과 물질에 묶이지 않게 되는 것입니다. 바로 영적 존재가 된다는 것입니다.

그러므로 너희가 그리스도와 함께 다시 살리심을 받았으면 위의 것을 찾으라 거기는 그리스도께서 하나님 우편에 앉아 계시느니라 위의 것을 생각하고 땅의 것을 생각하지 말라 이는 너희가 죽었고 너희 생명

이 그리스도와 함께 하나님 안에 감추어졌음이라 _{골 3:1-3}

"위의 것을 생각하고 땅의 것을 생각하지 말라"는 이 말씀은, 이 세상을 부정하고 하늘의 것을 추구하라는 말이 아닙니다. 우주 만물, 시간과 공간과 물질을 창조하신 그분 안으로 들어가 그분의 마음으로 세상을 바라보라는 것입니다. 이렇게 할 수 있는 유일한 길은 바로 하나님의 믿음을 갖는 것입니다. 그럴 때 우리는 이 세상 학교에서 배운 과학, 우리가 경험한 지식, 그것만이 전부가 아닌 놀랍고 새로운 세상을 볼 수 있게 됩니다. 이 세상을 지금과 다르게 살아갈 수 있습니다. 왜냐하면 그분이 나와 함께하시고, 우리 눈에 보이는 그대로가 아니라 시간과 공간과 물질을 초월해서 역사하시는 믿음을 통해 창조 세계를 볼 수 있게 해주시기 때문입니다.

그 믿음이 없이는 하나님을 기쁘시게 하지 못합니다. 믿는 자는 반드시 그가 계신 것과 또한 그가 자기를 찾는 자들에게 상 주시는 이심을 믿어야 합니다. 이제 시간과 공간과 물질에만 국한되는 삶을 탈피하십시오. 나는 죽었습니다. 내가 '나'라고 부르는 나는 죽었습니다. 육체를 기초로 인식하던 '나'를 죽이고 내 육체의 삶을 죽이면, 하나님의 생명 안에 있는 새로운 내가 하나님의 관점으로 이 세상을 바라볼 수 있습니다.

그럴 때 우리는 이 땅에 묶이는 것이 아니라 하나님의 믿음으로,

그분이 주시는 은혜로 이 땅에서 하나님의 자녀로서 풍성한 삶을 살 수 있게 됩니다. 매일 자기를 포기하는 삶을 사시기 바랍니다. 내 삶을 하나님께 드리고 나면 모든 것이 은혜입니다. 왜냐하면 내 삶이 아니라 하나님의 삶이기 때문입니다. 우리가 은혜를 구하면 구할수록 더 큰 은혜를 누리게 됩니다. 하나님이 주시는 하나님의 믿음으로 한번 살아보십시오. 우리의 삶이 얼마나 기기묘묘한지 경험하게 될 것입니다. 오늘도 내 삶이 아니라 주의 삶을 사는 하루가 되시기 바랍니다.

주님, 어떤 노력, 어떤 방법, 어떤 수단이라도 과거 육신으로 살았던 내가 주체가 된 믿음은 아무 소용이 없다는 것을 깨닫게 해주시니 감사합니다. 이제는 내 감각을 기초로 지금까지 나를 존재케 한 시간, 공간, 물질에 제한된 믿음을 포기합니다. 보이지 않고, 들리지 않고, 느껴지지 않아도 말씀에 의한 실체, 세상, 관계를 인정하고 인식하고 느끼겠습니다. 말씀만이 생명이며 실체이고 진리입니다. 그 믿음이 하나님의 믿음인 것을 알게 하시니 감사합니다. 그 믿음을 통해 오늘도 우리의 삶 가운데 하나님의 능력으로 임하여 역사하여주옵소서.

믿음이 없이는 하나님을 기쁘시게 하지 못하나니 하나님께 나아가는 자는 반드시 그가 계신 것과 또한 그가 자기를 찾는 자들에게 상 주시는 이심을 믿어야 할지니라 히 11:6

복음에는 하나님의 의가 나타나서 믿음으로 믿음에 이르게 하나니 기록된 바 오직 의인은 믿음으로 말미암아 살리라 함과 같으니라

롬 1:17

가짜 믿음에 속지 말라

우리가 하나님 앞에 나오고 그분 앞에 머무를수록 우리는 하나님을 더 사랑하고 예수님을 더 사랑하기 원합니다. 그런데 우리가 주님을 더 알아가고 어떻게 하면 주님과 더 친밀해질까 생각하다보면 자기도 모르는 사이에 하나님을 사랑하는 일이 율법의 행위가 될 수 있습니다. 정말 중요한 것은 내가 하나님을 더 사랑하기 위해 무엇을 해야 하는 것이 아니라 그분이 나를 사랑하는 것을 정말 믿느냐 하는 것입니다.

사실 그 믿음을 가지는 것은 시간의 문제가 아니라 순도의 문제입니다. 그런데도 우리가 그 믿음을 받아들이는 데 오랜 시간을 허비하고 있는지도 모릅니다. 우리는 우리가 예수님을 사랑하고, 또 예수님을 믿기 때문에 예수님을 따르고, 예수님을 의지하고, 그 예수님을 더 사랑하기 위해 하는 일을 굉장히 고상하게 생각합니다. 그분 앞에 더 앉아 있고 그분 앞에서 더 많은 시간을 보내고 그분을 위해 더 일합니다. 하지만 그것도 율법의 행위가 될 수 있다는 것입니다.

우리에게 필요한 것은 의지적인 노력이 아닙니다. 예수님이 나를 위해 하신 일을 100퍼센트 믿는 것입니다. 하나님께서는 우리를 예수님만큼 사랑하신다는 것을 보여주시기 위해 예수님을 십자가에 못 박으셨습니다. 하나님이 나를 얼마나 사랑하시는지 깨달으면 그것으로 끝입니다. 그런데 우리가 그것을 깨닫지 못하고 체험하지 못했기 때문에 노력하는 것입니다. 하지만 그것은 노력으로 이루어지는 것이 아니라 믿음으로 이루어지는 것입니다.

그런데 또 다른 문제는 내 안에 그 믿음이 없기 때문에 그것을 믿기 위해 기도하고 노력한다는 것입니다. 우리가 왜 그렇게 노력할 수밖에 없느냐 하면, 한마디로 약속의 말씀이 안 믿어지기 때문입니다. 예수님이 정말 살아 계셔서 내 안에 계시고 이 약속의 말씀대로 다 이루기 원하신다는 것이 안 믿어지니까 그것을 믿기 위해 자신이 지금 노력하고 있다는 것입니다. 그것이 믿어지면 더 이상 노력할 필요가 없습니다. 결국 궁극적인 것은 하나밖에 없습니다. 정말 예수님을 믿느냐는 것입니다.

하나님이 죄를 알지도 못하신 이를 우리를 대신하여 죄로 삼으신 것은 우리로 하여금 그 안에서 하나님의 의가 되게 하려 하심이라

믿음이 없이는 하나님을 기쁘시게 하지 못하나니 하나님께 나아가는 자는 반드시 그가 계신 것과 또한 그가 자기를 찾는 자들에게 상 주시는 이심을 믿어야 할지니라 히 11:6

예수님을 믿는다는 것은 그분이 나를 위해 죽으시고 나를 위해 하신 일이 믿어지고, 그 결과 내 안에 그분이 계시는 것이 믿어지는 것입니다. 그것이 믿어지면 그 약속도 이루어집니다. 하나님을 더 알고 예수님을 더 사랑하고 말씀을 지키기 위해서 우리가 할 일은 아무것도 없습니다. 이것을 받아들이십시오. 지금 우리가 애쓰고 노력하는 것이 있다면 그것을 내려놓아야 합니다. 왜냐하면 하나님께서 말씀하신 것을 이루는 것은 율법의 행위가 아니라 '오직 믿음'이기 때문입니다.

그분이 날 위해 죽으신 것을 정말 믿느냐, 그분이 내 안에 계신 것을 정말 믿느냐, 그분이 나를 위해서 무엇이든지 해주기 원하신다는 것을 정말 믿느냐 하는 것입니다. 그것이 안 믿어지니까 기도하는 것이지요. 우리는 꿇어앉아서 "주여, 주여, 이것도 해주시고 저것도

3부 자기 죽음 221

해주서야 합니다"라고 구하지만 그분은 말씀으로 이미 다 이루시겠다고 하셨습니다. 기도를 하지 말라는 뜻이 아닙니다. 왜 기도하는지, 무엇을 기도해야 하는지 알아야 한다는 말입니다.

그분은 약속하셨습니다. 무엇이든지 구하라고 하셨습니다. 그런데 내가 보기에 도저히 이루어질 수 없을 것 같으니까 믿어지지 않는 그 갭(gap)을 메우기 위해 행위보상적인 기도를 한다는 것입니다. 이렇게 사람들은 더 많이 노력하면 되고, 더 열심히 하면 되고, 더 간절히 구하면 이루어질 것으로 착각합니다. 아닙니다. 그것은 사람의 노력이자 율법의 행위일 뿐입니다.

오해하지 마시고 잘 이해해보십시오. 복음은 내가 무엇을 지키고 노력해서 하나님께서 주시는 은혜를 누리는 것이 아니라 그분이 내게 행하신 것을 듣고 믿고 순종하는 것입니다. 내 생각이나 감정과 다르더라도 말입니다. 지금 이 시간 어떤 노력도 하지 말고 자신의 자아를 포기하고 이 복음을 받아들이십시오. 그러나 내 자아로는 그것을 받아들이지 못합니다. 어떤 대가도 없이 내가 아무것도 지불하지 않았는데 어떻게 그 일이 내게 일어날 수 있느냐, 설령 아무 노력은 하지 않더라도 기도는 해야 하지 않느냐, 하나님께 잘 보여야 이 일이 이루어지지 않겠느냐고 생각하고 있습니까? 그것은 다 속고 있는 것입니다.

그래서 성령의 역사가 필요한 것입니다. 하나님은 대가를 원하지 않으십니다. 하나님이 약속하신 모든 것이 이루어지는 것은 나와 아무런 상관이 없습니다. 그것은 오직 하나님의 사랑 때문이고 예수님의 죽으심 때문입니다. 예수님께서 이미 대가를 치르셨습니다. 그런데도 우리는 자신이 또 대가를 치르려고 합니다. 하나님은 아무것도 하지 말고 믿기만 하라고 말씀하십니다. 예수님도 우리에게 대가를 요구하지 않으십니다. 그러니까 우리도 어떤 대가를 지불하고 받겠다는 마음을 버려야 합니다. 그분이 내게 약속하신 모든 것이 이루어졌다는 것을 그냥 받아들이십시오. 우리의 행위와 노력과 의지와 상관없이 우리에게 필요한 것은 다른 어떤 것이 아니라 오직 믿음뿐입니다.

내가(ego) 그리스도와 함께 십자가에 못 박혔나니 그런즉 이제는 내가(ego) 사는 것이 아니요 오직 내 안에 그리스도께서 사시는 것이라 이제 내가 육체 가운데 사는 것은 나를 사랑하사 나를 위하여 자기 자신을 버리신 하나님의 아들을 믿는 믿음 안에서(하나님의 아들 안에 있는 믿음으로, 저자 역) 사는 것이라 갈 2:20

예수 그리스도를 믿기 전의 나와 구원받은 후의 나는 완전히 다른 존재라는 사실을 알아야 합니다. 구원받기 이전의 '나'는 헬라어로

'ego'이지만, 구원받은 이후에 육체 가운데 사는 것은 예수 그리스도로 말미암아 주어진 '하나님의 생명'으로 사는 것입니다.

내가 죽지 않고 내 자아로부터 출발한 모든 것은 율법의 행위입니다. 내가 죽지 않는 한 나의 의가 살아 있어서 믿어지지 않을 뿐만 아니라 결국 예수님까지도 율법의 행위로 사랑하려고 노력하게 된다는 것이지요. 내가 사랑하는 하나님도 중요하지만 나를 사랑하시는 하나님이 믿어지는 것, 이것이 신앙생활의 첫걸음입니다.

주님, 아직도 내가 죽지 않고 살아서 어떤 대가를 지불하고 뭔가 얻으려 하고, 대가를 지불한 만큼 주님이 내게 뭔가 해 주신다고 믿는 어리석은 삶을 살았던 것을 회개합니다. 주님, 복음에 나타난 하나님의 의를 모르고 더러운 옷과 같은 나의 의로 뭔가 이루려고 했던 것을 포기합니다. 나 때문이 아니라 오직 내 안에 계신 예수 그리스도 때문에 주어지는 은혜를 감사함으로 받겠습니다. 그 은혜로 인하여 오늘도 제 삶에서, 다른 사람과의 관계에서, 일에서 주를 나타내겠습니다.

너희가 이같이 어리석으냐 성령으로 시작하였다가 이제는 육체로 마치겠느냐 갈 3:3

너희에게 성령을 주시고 너희 가운데서 능력을 행하시는 이의 일이 율법의 행위에서냐 혹은 듣고 믿음에서냐 갈 3:5

몸의 †
행실
죽이기

저는 미국 유학생활 동안 돈이 없고 시간도 없어서 패스트푸드점에서 햄버거를 자주 먹었습니다. 그래서 가끔씩 햄버거 가게에 들르게 될 때면 옛 향수에 젖기도 합니다. 한번은 식사 때를 놓쳐서 혼자 햄버거 가게에 들어갔습니다. 몇 칸 떨어진 테이블에서 뚱뚱한 어린이가 햄버거와 함께 콜라를 마시고 있었습니다. 소아 비만인 아이가 아무런 거리낌 없이 콜라를 벌컥벌컥 마시는 것을 보는 내내 걱정스러웠고 한편 유학 시절에 많이 보던 흑인들의 모습도 떠올랐습니다. 그들은 정말 엄청나게 큰 컵에 콜라를 가득 담아서 계속 마십니다.

그런데 저도 모르게 화가 치밀어 오르는 것을 느꼈습니다.

'내가 왜 이러지?'

순간 저에게도 저런 내재적 요인이 있었고, 지금은 그렇게 살고 있지 않지만 그것이 과거 저를 그렇게 만들었던 것에 대한 분노라는 생각이 들었습니다. 순간의 단맛에 인생을 망치는 삶이란, 과연 육신의 문제일까요? 아니면 마음의 문제일까요? 저는 먹던 햄버거를 마저 다 먹을 수 없었습니다. 배고픔이 사라져버렸기 때문입니다.

우리가 타락한 삶을 살 때 우리는 마귀의 통치를 받아 육신의 정욕과 안목의 정욕과 이생의 자랑을 갖게 되었고, 그것으로 육신을 만족시켰습니다. 육신은 점점 더 큰 만족을 원했고, 그 결과 혼은 마침내 육신에 이끌려 육신을 만족시키는 삶으로 빠져들게 되었습니다.

> 너희 자신을 종으로 내주어 누구에게 순종하든지 그 순종함을 받는 자의 종이 되는 줄을 너희가 알지 못하느냐 혹은 죄의 종으로 사망에 이르고 혹은 순종의 종으로 의에 이르느니라 롬 6:16

많은 경우 우리의 혼이 육신에 종노릇하는 데서 여러 가지 질병이나 잘못된 습관이 생깁니다. 이미 잘못된 습관이나 중독에 빠진 사람은 내가 예수를 믿기 때문에 이렇게 살아서는 안 되고 저런 데 가지 말아야 한다는 식으로 억지로 자기 육신을 조종하려고 합니다. 그러나 이미 혼이 육신의 종노릇하게 된 사람은 결코 혼으로 육을 통제할 수 없습니다. 조금만 틈이 생겨도 육신을 만족시키려는 제 자리로 돌아가버리죠. 그것은 마치 중독자가 자기 마음으로 육신의 중독을 이기려고 하는 것과 같습니다. 중독은 참으면 금단 현상이 일어나고 결국 폭발해서 더 큰 자괴감과 죄책감과 정죄감으로, 더 깊은 우울에 빠질 수밖에 없게 만듭니다.

그러나 그리스도인은 이제 예수 그리스도께서 내 안에 계심으로 하나님의 영에 복종하게 되어 그리스도의 성품과 능력이 혼을 통치하고 그 결과 그것이 육신을 통해 나타나는 삶을 살아갑니다. 그것은 하나님께서 예수 그리스도를 사랑하시는 것과 똑같은 사랑으로 우리를 사랑하시고, 그 사랑이 우리의 혼을 적시게 될 때 내 혼이 육신을 장악할 수 있고 결국 영으로써 몸의 행실을 죽이는 것입니다.

그러므로 형제들아 우리가 빚진 자로되 육신에게 져서 육신대로 살 것이 아니니라 너희가 육신대로 살면 반드시 죽을 것이로되 영으로써 몸의 행실을 죽이면 살리니 롬 8:12,13

육신대로 살지 않고 내 혼(마음)이 내 몸을 통제할 수 있다는 것은 말할 수 없는 기쁨입니다. 우리가 그것을 느끼며 살 수 있다는 것은 정말 놀라운 일입니다. 예를 들어서 새벽기도에 나올 때 밤늦게 잠들면 아침에 일어나기 힘들고 또 나오기 싫을 때도 있습니다. 그러나 우리가 하나님의 생명 안에 있을 때는 마음이 "아, 피곤해"라는 육의 소리에 귀 기울이는 것이 아니라 "아, 하나님의 놀라운 사랑"이라는 영의 소리에 귀 기울이게 됩니다. 그것을 성령의 소욕이라고 합니다. 그렇게 될 때 우리의 마음은 내 육신을 쳐서 복종시키고, 그 육신으로 하여금 하나님의 영광을 드러내는 도구로 쓰임받도록 합니다. 내 육신은 끝까지 나의 편안함, 나의 탐욕에 묶여 있는데 그것을 끊고 혼이 육신을 통치하는 것을 날마다 느낄 때 우리는 말할 수 없는 승리감을 체험할 수 있습니다.

> 내가 이르노니 너희는 성령을 따라 행하라 그리하면 육체의 욕심을 이루지 아니하리라 갈 5:16

> 너희 몸이 그리스도의 지체인 줄을 알지 못하느냐 내가 그리스도의 지체를 가지고 창녀의 지체를 만들겠느냐 결코 그럴 수 없느니라
> 고전 6:15

이 말씀은 우리의 혼이 그리스도 안에서 발견될 때 우리의 몸은 옛 육신이 아니라 그리스도의 지체(肢體)가 되며 하나님의 영광이 거하는 처소가 된다는 의미입니다. 우리의 몸은 성령의 전(殿)입니다. 본래 하나님께 영광을 돌리게 되어 있습니다.

너희 몸은 너희가 하나님께로부터 받은 바 너희 가운데 계신 성령의 전인 줄을 알지 못하느냐 너희는 너희 자신의 것이 아니라 값으로 산 것이 되었으니 그런즉 너희 몸으로 하나님께 영광을 돌리라 고전 6:19,20

하나님의 영이 내 안에 거하실 때 비로소 내 혼은 내 육신이 나의 것이 아니라는 것을 알게 됩니다. 혼이 하나님께 붙어 있지 않으면 우리 몸은 성령의 전이 아니라 나의 쾌락을 채우기 위한 탐욕의 신전 밖에 되지 않습니다.

우리는 그리스도의 지체인 우리의 몸을 가지고 하나님께 영광을 돌려드려야 합니다. 그런데 스스로 자기 육신을 쳐서 하나님께 영광을 올려드리는 것과 내 안에 계신 그리스도의 영으로 말미암아 영으로써 몸의 행실을 죽이는 것은 겉보기에 같아 보여도 실제로는 하늘과 땅 차이입니다. 우리가 정말 훈련해야 될 것은 내가 예수를 믿었기 때문에 참고, 이런 행동과 저런 생각은 하지 말아야 한다는 육체의 훈련이 아닙니다. 육체의 연단은 약간의 유익이 있을 뿐 육신으로는 하나님을 기쁘시게 할 수 없습니다.

망령되고 허탄한 신화를 버리고 경건에 이르도록 네 자신을 연단하라 육체의 연단은 약간의 유익이 있으나 경건은 범사에 유익하니 금생과 내생에 약속이 있느니라 딤전 4:7,8

우리가 예수를 믿었다고 오랫동안 육신으로 살아오면서 몸에 밴 습관이 한순간에 사라집니까? 우리가 노력한다고 그 습관을 바꿀 수 있을까요? 답은 우리 모두 잘 알고 있습니다. 경건에 이르는 유일한 길은 베드로의 고백처럼 자신을 날마다 죽이는 것입니다. 영으로써 몸의 행실을 죽이는 삶을 살아가시기 바랍니다.

주님, 저의 삶을 돌아볼 때 아직도 제 마음이 육신의 소욕
에 묶여 종노릇하는 일들이 너무나 많음을 보게 됩니다. 잘
못된 습관을 고쳐보려고 수없이 애를 써보았지만, 일시적일
뿐 다시 옛날로 돌아가고 그런 저를 스스로 정죄하며 절망
했던 일들이 한두 번이 아니었습니다. 주님, 이 시간 제 상태
를 숨기거나 스스로 고치려고 애쓰지 않고, 있는 모습 그대
로 주님께 보여드립니다. 이제 제가 저를 위해 무엇인가 하
고자 하는 마음을 포기하고, 저의 문제를 십자가에 못 박겠
습니다. 죽은 자만이 죄에서 벗어나 의롭게 된다는 것을 믿
습니다.

그러므로 형제들아 우리가 빚진 자로되 육신에게 져서 육신대로 살
것이 아니니라 너희가 육신대로 살면 반드시 죽을 것이로되 영으로
써 몸의 행실을 죽이면 살리니 롬 8:12,13

믿음을 † 시험하고 확증해보라

진정으로 하나님의 자녀가 된 자는 자신의 삶을 사는 것이 아니라 예수 그리스도의 삶을 사는 자입니다. 우리가 하나님의 자녀라면 우리는 더 이상 하나님으로부터 무언가 얻어내는 삶을 사는 자가 아니라 하나님께서 우리를 통하여 주님의 뜻을 이루고자 하는 삶을 사는 자입니다.

우리는 예수님을 사랑하고 그분이 우리 안에 계신 것을 믿습니다. 그럼에도 불구하고 늘 자신 안에 계신 예수님을 자기 육신의 감정으로 느껴보고 그분이 나를 정말로 사랑하시는지 확인받고 싶어 합니다. 마치 어린아이가 엄마의 사랑을 지속적으로 느끼기 원하는 것처럼 말입니다. 그러나 이것은 신앙의 초보입니다. 우리는 그리스도의 장성한 분량이 충만한 데까지 이르러야 합니다.

　예수님께서 정말 내 안에 계시고 항상 나를 사랑하시는지 확인하는 신앙에서 벗어나 내 안에 계신 그분께서 나를 통하여 은혜와 진리를 나타내시는 것을 경험하는 삶을 살아야 합니다. 전자는 여전히 자신이 삶의 주인입니다. 그리고 자기 노력으로 하나님의 은혜를 구하고자 합니다. 반면에 후자는 삶의 주인이 예수님이십니다. 그리고 예수님께서 나를 통해 더 나타나실 수 있도록 자신을 포기하고자 합니다.

> 너희는 믿음 안에 있는가 너희 자신을 시험하고 너희 자신을 확증하라 예수 그리스도께서 너희 안에 계신 줄을 너희가 스스로 알지 못하느냐 그렇지 않으면 너희는 버림 받은 자니라 고후 13:5

　성경은 우리가 믿음 안에 있는지 스스로 시험하고 확증해보라고 하십니다. 이 말씀은 이미 예수 그리스도 안에 있는 자는 더 이상 자신이 주인이 되어 예수 그리스도와의 관계나 그분이 베푸시는 은혜를 추구하는 데 묶이지 않으며, 믿음 안에서 이미 내 안에 계신 예수 그리스도가 자신을 통하여 얼마나 어떻게 나타나시는지 시험하고 확증해보라는 것입니다.

　이것은 제가 하는 사역과도 관계가 깊습니다. 과거에 제가 집회를 인도하기 전에 대기실에서 가장 많이 하는 기도는 이런 것입니다.

"하나님, 이번 집회에서도 주님의 큰 역사가 나타나기를 소망합니다. 하나님, 오늘도 주님이 함께하신다는 징표를 보여주십시오. 그냥 올라가라고 하지 마십시오. 저는 아무것도 못합니다."

그런데 언제부터인가 제 안에 이미 그분이 계시고 그분이 하시겠다고 하는데, 나는 왜 자꾸 뭔가 증명을 받으려고 하는지 의구심이 들기 시작했습니다. 가만히 생각해보니, 늘 시간에 쫓기는 삶을 살면서도 계속해서 놀라운 치유의 역사가 일어나려면 더 많이 기도하고, 더 간절히 사모하고, 더 큰 믿음으로 나아가고, 죽기 살기로 매달려야 하나님께서 뭔가 더 해주실 것이라는 사고방식에 묶여 있는 저를 발견하게 되었습니다. 더 나아가 주님께서 저를 쓰겠다고 하시는데도, 제가 나서서 '이렇게 하지 않았기 때문에 하나님께서 역사하시지 못할 거야'라고 생각하는 것은 하나님을 모독하는 것이고 그분이 행하시는 일을 방해하는 것이라는 생각이 들었습니다.

이것은 간절한 마음으로 기도하는 것이 잘못이라거나 기도하지 않아도 된다는 말이 아닙니다. 왜 기도하느냐, 무엇을 위해서 기도하느냐의 문제입니다. 그분이 저를 통해 더 잘 나타나실 수 있도록 기도해야 하는데, 저는 제가 더 잘 쓰임받을 수 있도록 기도했습니다. 어리석게도 하나님의 뜻을 제 뜻으로 바꾸어버린 것이지요. 이 진리를 깨닫고 난 다음부터 제 기도가 변화되었습니다. 어떨 때는 그다지 많이 기도하지 않고 집회를 인도하기도 합니다.

그럴 때 저는 특별히 이렇게 기도합니다.

"주님, 오늘 집회에 제가 주님의 방해물이 되지 않게 하소서. 주님의 행하심에 갖가지 이유를 대며 주님의 역사가 나타나지 않을 것이라는 믿음을 갖지 않게 하소서. 제가 할 수 있는 유일한 일은 저의 옛 사람의 사고체계를 죽이는 것입니다. 하나님의 영광의 권능과 진리의 말씀이 성령으로 새롭게 된 마음을 통해 마음껏 나타나게 하옵소서!"

저는 더 이상 예수님께서 나와 함께하시기를 위해 기도하지 않습니다. 대신에 주님이 저를 통해 더 잘 나타나실 수 있도록 제 자신을 포기하는 기도를 합니다. 그래서 집회 가운데 말씀을 선포하기 이전에든지, 또는 말씀을 선포한 이후에든지 하나님께서 감동을 주시는 대로 "주님이 행하셨습니다. 치유된 분들은 나오세요"라고 하면 마비가 풀어지고 암이 사라진 분들이 나와 놀라운 일들을 간증합니다.

이것은 제 사고체계에 뭔가 지각변동이 일어난 일입니다. 바로 믿음을 시험해보는 차원입니다. 제 안에 예수님께서 이미 계시고 예수님께서 그분의 일을 행하기를 원하시기 때문에, 제가 할 일은 그저 이 사역을 통해 그 믿음 안에 있는지 확인해보는 것뿐입니다. 만약 역사가 나타나지 않으면 제 안에 예수 그리스도가 없는 것입니다.

왜냐하면 주님은 저를 통해 그분의 뜻을 나타내려고 제 안에 오셨기 때문입니다.

우리가 여전히 어린아이와 같은 신앙으로 뭔가 확증을 받고 확신하고 나서 어떤 일을 하고자 할 때 주님은 그것을 보시고 믿음이 없다고 말씀하십니다. "내가 너희 안에 있으니 이제는 네 믿음을 확신하고 확증하고 증거해보라"고 하십니다. 그것이 진짜 믿음입니다. 저는 주님이 그 믿음만큼 역사하신다는 것을 깨달았습니다. 작은 차이 같아도 이것은 하늘과 땅 차이입니다.

우리가 뭔가 대단한 것을 드리고 더 열심히 기도하고 몸부림을 쳐야 어떤 역사가 일어날 것 같습니까? 물론 새벽에 나와 기도하고 구하는 것도 매우 중요합니다. 그런데 이제는 이미 이루어진 것을 믿고 그 믿음을 시험해보시기 바랍니다. 믿음의 결과가 있는지 자신을 시험하고 자신을 확증해보십시오. 나를 통해 하나님께서 나타나신다는 믿음을 가지고 실패를 두려워하지 마십시오. 두려워한다는 것은 이미 내가 주인이 되어 있다는 것입니다.

두려움을 벗어버리는 데는 두 가지가 필요합니다. 먼저 아무 역사도 일어나지 않으면 창피해서 어떡하나 하는 마음이 있습니까? 그럴 때는 "아니면 말고!"입니다. 하나님이 이루어주지 않으신 것은 내가 부끄러워할 일이 아닙니다. 또 "지금 안 되면 다음에 또 해보지 뭐" 이 마음으로 하나님 안에서 평안하셔야 합니다. 실패를 두려워하지 마십시오. 실패는 오히려 성공을 위한 초석이 된다는 것을 믿으십시오.

예전에는 도저히 내게 일어나지 않을 것 같은 일들은 슬슬 피했습니다. 그러나 요즘에는 불가능한 일을 만나면 오히려 가슴이 벅찹니다. 물론 실패할 수 있습니다. 하지만 그 실패를 통해서도 하나님의 통로를 막고 있는 내면의 문제를 볼 수 있습니다. 이제는 신앙의 도(道)의 초보를 버리고 다음 단계로 나아가야 합니다. 우리 안에 예수님이 함께하십니다. 예수님께서 정말 이루기를 원하십니다. 오늘 우리가 맞이하는 모든 상황과 문제에 주님이 함께하시고, 그분이 그의 뜻을 이루신다는 믿음 때문에 모든 일이 잘될 것입니다. 할렐루야!

주님, 주께서 저를 눈동자와 같이 돌보시고 함께하신다는 것을 진정으로 믿지 못한 것을 회개합니다. 이제는 주님을 확인하는 마음이 아니라 주님을 나타내는 마음으로 살겠습니다. 주님이 우리 아버지이시며 저를 예수님만큼 사랑하신다는 사실을 자주 잊어버리는 저의 어리석음을 용서하여주옵소서. 오늘도 아버지를 믿지 못하고 주님이 행하시겠다고 하시는 일을 방해하지 않게 하옵소서. 이미 이루신 것을 믿음으로 상상하며 선포하며 나아갑니다. 주님이 이미 행하셨습니다!

너희는 믿음 안에 있는가 너희 자신을 시험하고 너희 자신을 확증하라 예수 그리스도께서 너희 안에 계신 줄을 너희가 스스로 알지 못하느냐 그렇지 않으면 너희는 버림 받은 자니라 고후 13:5

오직 하나님이 ✝
주신 소명을
붙잡는 삶

하나님의 의(righteousness)를 제대로 알지 못하면, "의에 주리고 목마른 자는 복이 있나니"라는 말이 이상하게 들리게 됩니다. 그리스도인은 믿음으로 의롭다 함을 받았고, 오직 의인은 믿음으로 살아야 하는데, 여전히 의를 위하여 핍박을 받고, 의에 주리고, 목마른 자가 된다는 것은 무엇을 의미하는 것일까요?

의에 주리고 목마른 자는 복이 있나니 그들이 배부를 것임이요 마 5:6

의는 하나님의 본성을 나타내며, 성경에는 주로 "의롭다"라는 표현을 씁니다. 이 말은 하나님과 온전한 관계를 지니게 되었다는 뜻으로, 우리가 두려움이나 죄책감 없이 하나님의 보좌 앞에 나아가는 것을 의미하기도 하고, 또 반대로 하나님께서 인간을 지으신 뜻대로, 주의 본성을 나타내는 존재가 되었다는 의미를 지니기도 합니다.

한걸음 더 나아가 "의에 주리고 목마르다"는 것은 하나님께서 우리에게 주신 소명에 따라 살고자 할 때 주어지는 마음입니다. 하나님이 우리에게 주신 소명을 이루기 위해 간절히 갈망하고 그 의를 이루기 위해 핍박도 각오하며 살아야 한다는 것입니다. 안타까운 사실은 많은 사람들이 의에 주리고 목말라 하지 않는다는 것입니다. 의롭다 함을 받았으니 남들보다 더 열심히 헌신하고 봉사하면 된다는 정도로 생각합니다. 그러나 하나님께서는 우리를 지으신 목적이 있고 그 목적을 이룰 소명을 우리의 심령에 심어두셨습니다.

우리가 그 목적을 이루기 위해 우리는 자신의 정체성을 제대로 깨달아야 합니다. 그렇지 않고서는 하나님의 의에 주리고 목마른 삶을 살 수가 없습니다. 우리는 자신을 스스로 누구라고 인식하는지, 남이 나를 누구라고 불러주는지 거기서 크게 벗어나지 못합니다. 왜냐하면 사회에서 거절당하지 않기 위해 혹은 인정받기 위해 스스로 만들어낸 정체성이기 때문입니다.

사람들은 대부분 자기 경험, 자기 지식, 자기 능력으로 자신의 정체성을 인식하며 살아갑니다. 특별히 어릴 때 부모나 선생님으로부터 상처를 받은 사람은 권위자가 자신에 대해 뭐라고 말하는지 늘 민감한 마음으로 살아갑니다. 그러나 우리가 진정으로 이 땅에서 의에 주리고 목마른 삶을 살기 위해서는 우리를 지으신 하나님께서 나 자신을 누구라고 부르시는지 알아야 하고 거기에 기초한 정체성을 가져야 합니다.

> 예수께서 세례를 받으시고 곧 물에서 올라오실새 하늘이 열리고 하나님의 성령이 비둘기같이 내려 자기 위에 임하심을 보시더니 하늘로부터 소리가 있어 말씀하시되 이는 내 사랑하는 아들이요 내 기뻐하는 자라 하시니라 마 3:16,17

하나님은 예수님에게 "이는 내 사랑하는 아들이요 내 기뻐하는 자라"라고 말씀해주셨습니다. 이것이 바로 예수님의 정체성이었습니다. 사도 바울은 자기가 배운 지식으로, 자기가 가진 지위를 동원해서 예수님을 믿는 사람들을 핍박하며 살아왔습니다. 그런데 다메섹으로 가는 도중에 하늘로부터 빛이 임했고 예수님이 그에게 말씀하시는 소리를 들었습니다.

그러나 처음에는 아나니아라는 제자조차 바울을 인정하지 않았습니다.

> 주여 이 사람에 대하여 내가 여러 사람에게 듣사온즉 그가 예루살렘

에서 주의 성도에게 적지 않은 해를 끼쳤다 하더니 여기서도 주의 이름을 부르는 모든 사람을 결박할 권한을 대제사장들에게서 받았나이다 하거늘 주께서 이르시되 가라 이 사람은 내 이름을 이방인과 임금들과 이스라엘 자손들에게 전하기 위하여 택한 나의 그릇이라 그가 내 이름을 위하여 얼마나 고난을 받아야 할 것을 내가 그에게 보이리라 하시니 행 9:13–16

그러나 예수님은 아나니아에게 그가 누구인지, 그가 하나님의 의를 위하여 해야 할 일이 무엇인지, 어떻게 그를 불렀는지 말씀하셨습니다. 며칠 후 바울이 눈을 뜨고 그 즉시 예수가 하나님의 아들이심을 전파할 때도 사람들은 그를 믿지 않았습니다. 바울이 예수님을 만나기 이전에 어떤 삶을 살았느냐 하는 것은 평생 꼬리표처럼 그를 따라다녔습니다. 하지만 그런 핍박 가운데서도 그는 의에 주리고 목마른 삶을 살았습니다. 바울은 누가 자신을 뭐라고 부르는지, 자기 자신을 바라보며 자신이 누구인지에 연연하지 않았습니다. 하나님께서 자신을 누구라고 부르시는지 그리고 자신에게 주신 소명이 무엇인지 그것만을 붙들었습니다.

저도 그랬습니다. 저는 제 자신의 능력에 의지하며, 다른 사람이 저를 어떻게 보는가에 기초하여 제 자신의 정체성을 인식하고 세상에서 잘 먹고 잘 살기 위해 노력해왔습니다. 그런데 하나님께서 저를 찾아오셨고, 이전에는 상상도 할 수 없는 길을 가게 하셨습니다.

내가 이미 얻었다 함도 아니요 온전히 이루었다 함도 아니라 오직 내
가 그리스도 예수께 잡힌 바 된 그것을 잡으려고 달려가노라 빌 3:12

바울은 여전히 의에 주리고 목말라 있고, 의로 말미암아 핍박받
고 있지만, 그럼에도 오직 그리스도 예수께 잡힌 바 된 그것, 예수님
께서 그에게 말씀해주신 소명, 바로 이방인들에게 복음을 전하는 그
목적을 이루기 위해 지금도 달려가고 있다고 고백합니다.

형제들아 나는 아직 내가 잡은 줄로 여기지 아니하고 오직 한 일 즉
뒤에 있는 것은 잊어버리고 앞에 있는 것을 잡으려고 푯대를 향하여
그리스도 예수 안에서 하나님이 위에서 부르신 부름의 상을 위하여
달려가노라 빌 3:13,14

과거에 내가 어떻게 살았든지, 내가 무슨 일을 했든지, 내가 어떤
사람이었는지는 잊어버리고 오직 그리스도 예수 안에서 하나님이 위
에서 부르신 부름의 상을 위하여 달려가는 삶을 살아간다고 고백합
니다. 하나님의 자녀로 거듭난 우리의 인생이 무엇이라고 생각하십
니까? 더 열심히 신앙생활 함으로써 축복받고 형통하고 더 나은 삶

을 사는 것이라고 생각하십니까? 그게 아닙니다. 우리 안에 하나님이 주신 소명이 있습니다. 우리는 그것을 찾아야 하고, 그 목적을 이루기 위해 살아야 합니다.

오늘도 우리는 푯대를 향하여, 하나님이 위에서 부르신 부름의 상을 위하여 달려가는 인생이 되어야 합니다. 이 삶을 살지 않고 여전히 자기 안에 묶인 채 주님이 문제만 해결해주시기를 구하는 삶, 자기를 벗어나지 못하는 삶, 과거와 현실에 묶인 너무나 안타까운 삶을 살고 있지는 않습니까? 남편 때문에, 자식 때문에, 부모 때문에, 사업 때문에, 평생 문제에 매여서 기도하십니까?

하나님나라의 놀라운 은혜는 하나님 안에서 자신이 누구인지를 알고 하나님께서 주신 소명을 따라 나아갈 때 하나님께서 모든 것을 해결해주신다는 것입니다. 뒤에 있는 것은 잊어버리십시오. 소명 때문에 의에 주리고 목마르십시오. 우리는 자신의 문제를 해결받기 위해서 하나님을 필요로 하는 존재가 아니라 하나님의 주신 소명에 붙들려 의에 주리고 목말라 하는 존재가 되어야 합니다. 그 소명을 붙들고 좌로나 우로나 치우치지 않고 주신 목적을 향해 나아갈 때 진정한 삶이 무엇인지 깨닫게 하실 것입니다.

저 역시 열심은 있으나 소명 없는 신앙생활을 오랫동안 했습니다. 마침내 하나님께서 찾아오셔서 저를 새롭게 하시고, 어느 날 집회 가운데 저에게 이렇게 말씀하시는 것을 들었습니다.

"백만 명을 구원하라!"

그때 저는 제 문제로 씨름하기 바빴기 때문에 그 말씀이 너무나 황당하게 들렸지만, 분명히 제 생각이 아니었기 때문에 그 말씀을 노트에 기록해두었습니다. 하지만 그 말씀을 되새길 때마다 "백만 명을 구원하라"라는 말이 도저히 믿기지 않았습니다. 그러나 의에 주리고 목마른 마음으로 하나님의 소명을 붙잡고 여기까지 왔습니다. 언젠가 주님께서 주님이 하신 말씀을 이루실 것입니다.

이런 일은 제 아내에게도 일어났습니다. 초창기 내적치유위원회에서 함께 사역할 때 아내는 "네가 세계 여러 나라를 다니며 복음을 전할 것이다"라는 하나님의 음성을 들었습니다. 그때는 그 말을 아무도 들어주지 않고 아무도 믿어주지 않았지만, 그 소명을 마음에 새기고 나아갔을 때 마침내 목사가 되었고 지금 세계를 다니며 말씀을 전하고 있습니다.

하나님께서는 우리 한 사람 한 사람을 창조하신 목적이 있습니다. 그리고 그 목적을 이룰 소명을 주셨습니다. 우리가 하나님께 나아갈 때 하나님께서는 분명히 말씀해주십니다. 그럴 때 우리는 자신의 정체성을 다시 한번 깨닫게 되고, 뒤에 있는 것은 모두 잊어버리고, 의에 주리고 목마른 자로, 의를 위하여 핍박받는 자로, 가장 놀랍고 멋진 인생을 살게 될 것입니다.

주님, 예수 그리스도를 믿고 구원받았으니, 주님의 은혜에 보답하기 위해 열심히 신앙생활 하는 삶 가운데 진정한 기쁨이 없었음을 고백합니다. 주께서 만세 전에 미리 정하신 제 인생의 목적, 그 목적을 달성할 소명을 주셨다는 것을 깨닫게 하시니 감사드립니다. 지은 바대로 살지 못했기 때문에 진정한 기쁨 없이 살았던 것을 회개합니다. 주님, 다시 한번 저의 정체성을 확인합니다. 저는 하나님의 자녀로서 예수 그리스도 안에 있음을 선포합니다. 이제 뒤에 것은 잊어버리고 다시 주님을 향해 제 삶의 목표를 재조정하고 부름의 상을 위해서 나아가겠습니다. 주님, 날마다 의에 주리고 목마른 자로 살게 하옵소서!

형제들아 나는 아직 내가 잡은 줄로 여기지 아니하고 오직 한 일 즉 뒤에 있는 것은 잊어버리고 앞에 있는 것을 잡으려고 푯대를 향하여 그리스도 예수 안에서 하나님이 위에서 부르신 부름의 상을 위하여 달려가노라 빌 3:13,14

하나님 앞에 머물러라

초판 1쇄 발행	2015년 11월 3일
초판 11쇄 발행	2024년 4월 19일

지은이	손기철

펴낸이	여진구		
책임편집	안수경		
편집	이영주 박소영 최현수 김도연 김아진 정아혜		
책임디자인	마영애 | 노지현 조은혜 이하은		
홍보 · 외서	진효지		
마케팅	김상순 강성민	마케팅지원	최영배 정나영
제작	조영석 허병용	경영지원	김혜경 김경희

303비전성경암송학교 유니게 과정
이슬비전도학교 / 303비전성경암송학교 / 303비전꿈나무장학회

펴낸곳	규장

주소 06770 서울시 서초구 매헌로 16길 20(양재2동) 규장선교센터
전화 02)578-0003 팩스 02)578-7332
이메일 kyujang0691@gmail.com   홈페이지 www.kyujang.com
페이스북 facebook.com/kyujangbook   인스타그램 instagram.com/kyujang_com
카카오스토리 story.kakao.com/kyujangbook
등록일 1978.8.14. 제1-22

책값 뒤표지에 있습니다.
ISBN 979-89-6097-426-5 03230

규 | 장 | 수 | 칙

1. 기도로 기획하고 기도로 제작한다.
2. 오직 그리스도의 성품을 사모하는 독자가 원하고 필요로 하는 책만을 출판한다.
3. 한 활자 한 문장에 온 정성을 쏟는다.
4. 성실과 정확을 생명으로 삼고 일한다.
5. 긍정적이며 적극적인 신앙과 신행일치에의 안내자의 사명을 다한다.
6. 충고와 조언을 항상 감사로 경청한다.
7. 지상목표는 문서선교에 있다.

하나님을 사랑하는 자 곧 그의 뜻대로 부르심을 입은 자들에게는 모든 것이 合力하여 善을 이루느니라(롬 8:28)

Member of the
Evangelical Christian
Publishers Association

규장은 문서를 통해 복음전파와 신앙교육에 주력하는 국제적 출판사들의
협의체인 복음주의출판협회(E.C.P.A:Evangelical Christian Publishers
Association)의 출판정신에 동참하는 회원(Associate Member)입니다.